广东普罗米修律师事务所
PROMISE-U LAW FIRM OF GUANGDONG

代理策略与技巧

普罗米修律师优秀案例集

广东普罗米修律师事务所／主编

法律出版社
LAW PRESS·CHINA
北京

图书在版编目（CIP）数据

代理策略与技巧：普罗米修律师优秀案例集 / 广东普罗米修律师事务所主编. -- 北京：法律出版社，2024. -- ISBN 978-7-5197-9549-8

Ⅰ. D926.5

中国国家版本馆CIP数据核字第20246VM651号

代理策略与技巧：普罗米修律师优秀案例集
DAILI CELÜE YU JIQIAO：PULUOMIXIU LÜSHI YOUXIU ANLIJI

广东普罗米修律师事务所 主编

责任编辑 朱轶佳
装帧设计 李　瞻

出版发行 法律出版社
编辑统筹 司法实务出版分社
责任校对 李慧艳
责任印制 胡晓雅
经　　销 新华书店

开本 710毫米×1000毫米　1/16
印张 15.25　　**字数** 181千
版本 2024年11月第1版
印次 2024年11月第1次印刷
印刷 三河市龙大印装有限公司

地址：北京市丰台区莲花池西里7号（100073）
网址：www.lawpress.com.cn
投稿邮箱：info@lawpress.com.cn
举报盗版邮箱：jbwq@lawpress.com.cn

销售电话：010-83938349
客服电话：010-83938350
咨询电话：010-63939796

书号：ISBN 978-7-5197-9549-8　　**定价**：62.00元

凡购买本社图书，如有印装错误，我社负责退换。电话：010-83938349

序

order

法治已经成为社会治理模式的最大公约数，符合最广泛的利益。在法治社会的大舞台上，律师扮演着关键且不可或缺的角色，他们也是公平与正义的坚定追求者。本案例文集精心甄选了广东普罗米修律师事务所多年来承办的部分优秀案例，每个案例都如同一面镜子，真实生动地折射出律师们高超的诉讼技巧和勇毅的担当精神。

这些案例广泛涉及社会生活的各个领域，紧密贴合案件发生时的社会热点。具体案例的详细叙述和深入分析，仿佛带领我们亲临激烈的法庭辩论现场，目睹律师们如何凭借扎实的法律知识和卓越的智慧，为客户全力争取合法权益，坚定捍卫社会的公平正义，追求法治的真谛，彰显法治的光辉。这本案例文集所记载的一个个优秀案例，不仅是普罗米修律师事务所的光辉历程，也是我国法治建设的重要见证。

书中的案例鲜活展现了律师工作的真实风貌。他们在处理复杂案件时的执着和坚毅，在维护客户利益时的智慧和勇气，都让我们对律师这个职业有了更深刻的认识和理解。成为一个好律师，不仅要有深厚的法律素养，更要有敏锐的洞察力、强大的逻辑思辨能力和出色的沟通能力。作为案件或者事务的代理人，他们需要与客户紧密配合、协作，认真倾听客户的需求，理解客户的困境，用专业知识和真挚热情为客户提供支持和引导，制定出科学的代理方案并贯彻落实，每一个环节都必须严谨、细致，而每一个环节都可能出现精彩的“故事”。

广东普罗米修律师事务所设立于2002年，迄今已经走过了22年的历程。当初设立时只有3名执业律师，如今执业律师已经接近500名，在全国各地设立了24家分所。普罗米修律师事务所以法治精神为图腾，以古希腊传说中的盗火神“普罗米修斯”及英文“promise you”的谐音为字号，寓意光明、正义、力量和诚信，正是律师执业形象的表征。为了支援边疆和民族地区的法治建设，2018年普罗米修律师事务所在西藏阿里地区设立了全球海拔最高的律师所（分所），是当地的第一家律师事务所，律所每年都坚持选派精英律师前往高原雪山工作（执业），既是对律师的锻炼，也是律师群体勇于承担社会责任的直接体现，为促进阿里地区的法治建设作出了律师群体应有的贡献，得到了司法主管部门的高度认可。

本着对法治精神的追求和坚持，建所以来，普罗米修律师事务所加强对律师队伍的业务建设，积极开拓业务，勇于担当，为广大客户提供了优质的法律服务。服务过程中，产生了不少具有典型意义的优秀案例，每一个案例的背后都是一个精彩故事。这让我们产生了对优秀案例进行征集、编写和出版的想法，这个想法得到了合伙人的一致赞同，于是我们专门设立了编委会负责该项工作。在编委会的努力工作和广大律师的热情参与之下，我们甄选了其中的部分案例，作为第一辑进行出版。篇幅所限，一辑文集无法完全呈现普罗米修律师的全部优秀案例，我们后续会将优秀案例集的出版工作坚持下去，这既是对事务所业务工作的整理和检视，也是对律师代理工作实践的总结，为提升普罗米修律师的执业和法律服务水平提供素材。

法治是社会进步的基石，而律师则是法治建设的有力推动者。期望本案例文集的出版，为我国的法治建设增添新的动力元素，激励更多的律师勇挑重担，为社会的公平正义而奋斗。同时，我们也希望这本书能让读者们更加了解律师工作，了解普罗米修律师事务所。

在此，诚挚感谢每一位参与本案例文集创作的律师，是他们的辛勤努力让这本书得以问世。愿这本案例文集成为广大读者的有益读物，为我国的法治建设贡献力量。

最后，再次感谢社会各界对普罗米修律师事务所的关爱和支持，我们愿意为中国法治建设当好一个拾柴者和建设者，是你们让我们的前行充满力量，我们也在砥砺前行中收获着快乐与满足！

祝伟大的祖国繁荣昌盛！

首席合伙人、管委会主任：

2024 年 10 月 12 日

目　　录
contents

嗜血高利贷，职业放贷人终现形

——陈某某民间借贷案

◎黄军明 *

在如今的社会环境下，民间借贷现象十分常见，由此形成了一类职业放贷人。他们手法娴熟且专业，专门利用部分人资金短缺的紧迫状况，凭借高额的利率来获取不法利益，甚至人为制造一些陷阱，借款人一旦掉入其中，一般很难脱身，进而将承受重大的损失。律师接受借款人的委托，代理此类案件时，务必要以专业、敬业的精神和态度，坚定目标，只有掌握了职业放贷人的相关证据，并使借款人方的观点得到法官的采纳，认定职业放贷人并宣告借款合同无效、合同约定的高额利率无效，才能有效地保护借款人（委托人）的合法权益。例如，律师要善于从资金的来源、借贷的频次、合同的条款等诸多方面去仔细探寻，发现可能存在的线索和证据，为借款人撑起坚固的法律保护之伞，让那些不法的职业放贷人无处藏身，维护社会的公平正义与法治秩序。

* 广东普罗米修律师事务所创始合伙人、执行主任，深圳大学法律硕士；电子邮箱：13713579167@163.com。

一、资金短缺贷高利，一着不慎掉陷阱

2020 年 7 月，周某受其朋友介绍找到笔者，向笔者倾吐满肚子的苦水并寻求法律帮助。

交谈中笔者得知，周某系从事电子产品生产的企业主。2017 年下半年，因资金周转困难但又急需一笔过桥资金偿还银行贷款，周某一时没有找到融资渠道，便通过小广告找到一家融资担保公司。该融资担保公司在初步了解情况之后为周某提供了为期一个月的过桥资金，帮助周某还清了银行贷款。未承想，周某向银行再次申请贷款时出现意外，银行贷款未获批准。为尽快偿还这笔过桥资金，周某忙中出错，盲目轻信了该融资担保公司趁机推荐的一个可以出借低息资金的“金主”Z 某某。周某与 Z 某某沟通后，双方口头达成了利率标准为月息 9 厘的约定。为保证周某能如约偿还借款，Z 某某要求周某以其房产抵押作为担保。因周某的房产登记在其妻陈某某的名下，借款便以陈某某的名义操作。2017 年 11 月 10 日，Z 某某与陈某某签订《最高额借款合同》，约定合同期限内可以一次或多次借款，最高借款限额为 1,750,000 元。同日，双方签订《最高额抵押合同》，约定借款合同期限内为债权提供最高额抵押担保，抵押物为陈某某名下位于东莞市 ×× 镇的房产，债务履行期限为 2017 年 11 月 10 日至 2022 年 11 月 9 日。签署合同时，Z 某某称，根据民间借贷行业的惯例，陈某某签署合同之后要向 Z 某某出具《借据》《收据》，《借据》《收据》的关键空格部位（如利率约定、借款期限等）均留下空白，Z 某某表示只要周某按照口头约定履行了还款付息义务，所签署的合同等文件会在债务清偿之后销毁。周某满脸委屈地告诉笔者，他们事后才知道，正是这些空白的文书成了他们夫

妻陷入泥沼的陷阱。

文件签署并完成房屋抵押登记后，Z 某某在一个月之内分两笔向陈某某账户共计打入了 175 万元。Z 某某出借款项之后，即要求陈某某及周某分 48 期还款付息，每月本息金额为 53,768 元。刚开始周某没有留意到实际执行的利率标准已经远远超过了当时双方口头达成的每月 9 厘的标准。后来陈某某和周某回过神来，发现利率畸高，向 Z 某某提出异议，但是 Z 某某拒不承认此前的口头协议，称执行的利率标准系按市场行情确定，大约是年化 20%，如果陈某某逾期还款，Z 某某将提起诉讼，处理抵押房产。

为了保住房产，加上生意不好，陈某某和周某无奈之下四处举债、筹措款项还钱，甚至为此引发了家庭矛盾，最终导致了离婚的结局。但是在高额的利息面前，周某的经营收入如杯水车薪，在支付了近 110 万元之后，周某已无力再付，2020 年春节之后又加上疫情的影响，周某实在无法借到钱向 Z 某某还款付息了。

2020 年 6 月，Z 某某委托律师向东莞市第一人民法院提起了诉讼。接到诉讼材料后，周某傻眼了，他发现 Z 某某的起诉完全无视当初双方的约定，起诉请求的金额高得离谱。起诉状把陈某某列为被告，Z 某某的诉讼请求如下：

（1）被告偿还原告借款 1,750,000 元，并自 2019 年 12 月 21 日起按月 2 %的利率标准计付利息至借款全部清偿之日止（利息计至起诉日止为 140,000 元，本息合计 1,890,000 元）；

（2）被告承担原告为实现债权而委托律师所支出的律师代理费用损失 48,000 元；

（3）拍卖、变卖被告所提供的抵押物（抵押物位于东莞市 ×× 镇 ×× 村 ×× 山湖 ×× 阁 B601 号，不动产登记证明号为：粤 2017

东莞不动产证明第 01××××2 号），以实现原告对上述债权的优先受偿；

（4）本案的诉讼费用由被告承担。

周某一脸无辜和无奈地对笔者说："没想到啊，放高利贷的那么黑，之前口头达成的协议完全不遵守，我们进入了他们精心设置的圈套，2 年多时间还了近 110 万元，居然连利息都没有还清！"

面对黑着脸、垂头丧气的周某，笔者初步阅读了诉讼材料，对周某说："不用着急，最高人民法院近两年加强了对职业放贷行为的整治，像这种扰乱金融秩序、不规范放贷以获得高额非法利益的行为，司法政策有明确要求加以打击，最高人民法院也出台了相应的司法解释、指导文件和指导案例。那些通过签署空白文件追求高额非法利益的不法行为，必定漏洞百出，假的真不了，我们律师有充分的措施和手段应对，不会让他们得逞。我们从证据里一定能够抓住对方的破绽。只要我们相互配合，你全面告诉我事发的经过和详情，我们充分利用好有利于我们的点，就能击破他们的攻击链条，驳回他们不合理的请求。"

听取了笔者的意见之后，周某似乎看到了希望，眼中亮起一些光芒。谈妥委托代理合同的细节后，周某和陈某某与笔者签署了委托代理合同。案件正式进入代理阶段。

二、火眼金睛识破绽，明察秋毫定策略

一旦接受委托，在律师的心中，自己就成了所代理案件的责任人和担当者。律师在执业生涯中会接触到各种各样标的和纷争巨大的案件，一个资深的律师对任何案件可能已经是见怪不怪了，但是对当事人而言，案件无论大小，败诉的后果都是极其严重的，当事人不仅在经济上

会受到损失，在商誉和名誉上也可能受到重大影响。因此律师职业要求律师在接受当事人的委托之后必须尽职尽责，正所谓“受人之托，忠诚于事”也。

当Z某某诉陈某某民间借贷纠纷案件的材料摆在笔者案头时，笔者感受到了沉重的责任，当事人无辜的眼神和垂头丧气的形象不时地在笔者脑海里浮现。经过认真阅读案卷材料，结合当事人的陈述，笔者对案件进行了梳理，发现了原告提供的材料中隐含的可能破绽：

（1）当事人周某与Z某某口头达成的利率是每月9厘（0.9%）。

（2）借款初期还款金额是每月53,768元。

（3）原告提供的证据材料中的《借据》中的月利率写的是“2.5%”，“2”与“5”之间的小数点又不太清晰。

（4）当事人陈某某对于是否签署《借据》《收据》不太确定，倾向于持否定态度。且据陈某某辨认，《借据》《收据》落款处的签名不是自己签署，陈某某特别肯定的是其所签署的文书中一定不存在月利率“2.5%”的表述。

（5）当时签署的文书全部在Z某某手中，陈某某和周某手中并无持有（符合职业放贷人的行为习惯）。

笔者根据自己多年办理民间借贷案件的经验大胆猜测：

（1）《借据》中的月利率“2.5%”（手写），大概率是为了起诉而在后面添加的，并非在文书签署时就填写上去的。为了起诉而擅自添加数字的行为，属于在没有取得对方同意的情形之下单方面填写核心条款的行为，应认定无效［最高人民法院（2011）民申字第1238号民事裁定书清晰表达了此态度，亦为司法实践所认可，成为通判］。

（2）鉴于陈某某否认《借据》《收据》落款为本人签名捺指印，《借据》《收据》的真实性存疑。

猜测不等于事实，猜测内容可以作为主张向法庭提出，但必须承担相应的举证责任。如何举证？签约现场并无监控视频，亦无其他证人在场。笔者想到了司法文书鉴定。第 2 项鉴定内容比较常见，属于一般司法鉴定机构的经营范围，但是第 1 项属于笔迹的形成时间鉴定，很多司法鉴定机构都无法处理。为了实现辩护思路，笔者联系了多家司法鉴定机构，最终得到了位于深圳市的南某司法鉴定事务所的肯定答复：可以做，并且他们这项鉴定的水平在全国领先。于是笔者把申请法庭提交司法鉴定定作诉讼策略之一。

但仅这一项措施远远不够，因为原告提供的证据链条完整，似乎可以支持原告的诉讼请求，仅因证据链条中存在部分瑕疵，难以撼动原告的证据优势。必须找到可以起到釜底抽薪、足以改变形势的作用的其他主张和支持主张的证据。这时，笔者想起了周某在陈述时的无奈，并判断：Z 某某如此熟练的借贷操作手法，大概率系职业放贷人，如果能在诉讼中通过举证认定 Z 某某为职业放贷人，双方所签署的借款合同应认定为无效，则周某所还款项应认定为大部分归还本金，对于保护委托人的利益极为有利。

因此，笔者确定了本案的两项主要措施：一是申请对《借据》《收据》中存疑的内容进行鉴定；二是寻找证据，证明 Z 某某系职业放贷人。

三、代理过程起波折，功夫不负有心人

（一）启动鉴定程序，结论喜忧参半

为了帮助法庭查明案件事实，笔者作为被告陈某某的诉讼代理人，

向法庭提交了鉴定申请书。鉴定内容有 3 项：

（1）鉴定原告提交的《借据》《收据》（签订于 2017 年 12 月 7 日）中借款人落款处“被告”签名的真实性（即该签名是否为申请人被告本人所签）；

（2）鉴定原告提交的《借据》《收据》（签订于 2017 年 12 月 7 日）中借款人落款处“被告”签名处指纹的真实性（即该指纹是否为申请人被告本人捺印）；

（3）鉴定原告提交的《借据》（签订于 2017 年 12 月 7 日）中“月利率为 2.5%”中的手写的“2.5%”的笔迹形成时间（即该时间是否晚于借据中借款人签名及捺印的时间）。

在交纳鉴定费用后，鉴定机构南某司法鉴定所针对鉴定内容进行了鉴定，并得出如下鉴定意见：

（1）南某司法鉴定所于 2020 年 12 月 14 日作出司法鉴定意见书，鉴定认为指印为被告左手食指捺印形成。

（2）南某司法鉴定所于 2021 年 6 月 18 日作出司法鉴定意见书，鉴定认为《借据》叙事内容中“2.5%”字迹晚于标称时间“2017 年 12 月 7 日”形成。

原告、被告双方均对鉴定意见表示认可。该两项鉴定意见表明如下事实：《借据》《收据》的落款处系当事人陈某某签名和捺印，但利率标准“2.5%”系原告自行添加形成。该事实对于否定借款关系的基本事实没有帮助，但对于证明原告存在事后擅自添加内容的行为，从侧面印证原告系职业放贷人有帮助。

（二）全网搜寻原告涉诉信息，大量信息浮出水面

所谓职业放贷人，即违反金融管理法规，未经批准以放贷营利为业

的自然人和企业。要证明原告属于职业放贷人，就需要证明原告在特定时间段持续存在以放贷营利的行为。要证明 Z 某某有持续放贷行为，最好的办法是从各个裁判文书公开网站、诉讼案件信息公开平台搜寻涉及 Z 某某的民间借贷案件信息，于是笔者搜寻了各个主流裁判文书公开平台和广东省法院系统的“粤公正”平台。由于存在同名同姓的可能性，还需要作适当的甄别，例如，把搜索范围限定在广东省、珠三角区域，特别是东莞市范围内的案件。经过海量搜寻，笔者发现以 Z 某某为当事人、案由为民间借贷的案件 15 件，其中“粤公正”平台的信息最为齐全。这些案件均集中在东莞区域，虽然仅通过公开信息无法确认所查询的 Z 某某是否另有其人，但从概率学来推测，结合民事诉讼的举证规则，可以主张所查询到的 15 件案件中的当事人 Z 某某即为本案原告，如果原告本人否认，则其应该承担证明责任。

（三）专家探讨，前景不容乐观

有了鉴定意见，以及所查询到的 15 件涉诉案件信息，对于认定 Z 某某为职业放贷人是否理据充分？在司法解释缺乏明确的裁判标准的情形之下，为了提高把握性，笔者召集了办理过大量类似案件的律师专家进行探讨，还与审理过此类案件的法官进行了交流。探讨交流的结果不容乐观，虽然最高人民法院出台了相关司法解释，但是在审判实践中认定职业放贷人是一件有难度的事情，从深圳、东莞的判例来看，鲜有成功者。特别是某法官的意见让笔者感到沮丧：黄律师啊，审判实践中，即使你找到了相关的案件信息，要认定起来还是很难的啊，法官会很谨慎地下结论的，你要有充分的思想准备！法官朋友的意见不禁让笔者心里咯噔一下。

前景难测，不容乐观，何去何从？笔者在心中不断地询问自己。

不行！不能放弃，必须要据理力争，必须要利用法庭发言和庭后提交代理词、电话沟通的方式争取本案审理法官的认可和支持。笔者在心中不断给自己打气：在最后的结果出来之前，必须要全力以赴，不留遗憾！

四、法庭审理针锋相对，集中焦点激烈交锋

原告、被告双方向法庭提交了各自的证据、司法鉴定意见，经过排期，本案在东莞市第一人民法院东城法庭开庭审理。

庭上，因为庭前的交锋（因鉴定需要而召开过庭前会议），原告方自觉原来的诉讼请求过高，进行了相应的调整，把请求的借款本金减少为 1,347,012.21 元。

我方则针对起诉作了如下答辩：

（1）原告系从事职业放贷的人员，原告与被告的前夫经人介绍认识。2017 年，被告及其前夫因偿还银行贷款的需要，经人介绍认识原告，原告称其可以帮忙“过桥”并帮助办理新的银行贷款，经被告前夫与原告协商，原告承诺为被告及其前夫提供过桥资金及帮忙办理银行贷款的服务，原告承诺提供过桥资金免费，办理银行贷款成功后收取一定的手续费用。被告及其前夫同意由原告提供服务，但是原告并未能成功帮助被告办理银行贷款。

（2）为办理前述业务，在原告的要求之下，被告签署了一系列空白文书。因银行贷款无法办理，被告无法及时归还原告提供的过桥资金，原告便通过各种方法施压，要求被告及其前夫归还本金。在被告前夫的努力之下，已合计偿还本金 1,075,242 元，现仅欠原告本金 674,758 元。

（3）原告在为被告及其前夫办理过桥资金手续后，便以各种理由要

求被告及其前夫支付高昂的利息和本金。经被告了解，原告系职业放贷人，为获得非法利益经常以各种虚假承诺（如免费提供资金“过桥”、收取协助办理贷款的服务费用等）吸引需要资金“过桥”的人员，然后以空白的文书为陷阱，在空白文书上填写高额利率、虚构事实进行虚假诉讼，以获取不法利益。

（4）原告为获取不法利益，在没有放贷资格的前提下为不特定多数人发放贷款，已经扰乱了国家金融秩序，构成了《刑法》第225条规定的非法经营罪，法院作为司法机关，应该追究其相应的罪责，或者向公安机关提交案件线索。

（5）鉴于原告违法情形严重，所谓的放贷业务是其犯罪行为的组成部分，被告在原告诱导之下签署的相关法律文书均属于无效法律文书，不能作为确定双方权利义务关系的依据。因主合同无效，担保合同亦无效。对于包括本金资金占用费用未能回收的不利后果应由原告自行承担，应驳回原告的全部诉讼请求。

在随后的举证、质证过程中，双方围绕各自主张进行了举证和质证。原告主要提交了有关合同及银行流水，证明借贷关系成立、出借本金金额及被告还款情况。被告则结合司法鉴定意见中关于利率“2.5%”的书写形成时间滞后于落款时间，主张原告擅自单方添加内容无效，原告相关行为是典型的职业放贷人的手法。

被告举证主要是关于Z某某民间借贷案件的涉诉情况，主张Z某某系职业放贷人，涉案纠纷系职业放贷人的经营行为，涉案合同无效。而对方则主张有关涉案纠纷均为亲戚朋友介绍形成的借贷关系，不属于职业放贷行为。

庭审中，法官还就其他问题进行了发问和调查。案件没有当庭宣判。

五、庭后继续不懈努力，漫长等待终获喜报

由于没有当庭宣判，庭审中也看不出法官的倾向性态度，笔者觉得有必要重视与法官的沟通。通过复盘庭审过程，笔者在庭审答辩和辩论的基础上向法官提交了代理意见。代理意见摘录如下：

一、原告向不特定的借款对象出借大额资金，其行为具有反复性、经常性、营利性，符合职业放贷的法律特征，应认定为职业放贷人，且其行为侵害了社会公共利益，双方之间的借贷行为无效。

（一）根据从“粤公正”平台查询所得的原告涉及的民间借贷纠纷案件信息（我方提交的证据二）可以判断：

1. 自 2012 年起原告开始从事民间借贷放贷业务，持续已经至少 10 个年头。这还不包括 2012 年之前，案件信息未公开时期可能存在的其他民间借贷纠纷案件。可见原告在未取得经营资质的情形下从事放贷业务时间之长，实属罕见。

2. 原告向不特定对象发放贷款的情况极其严重。从“粤公正”平台公开的案件信息看，原告发放贷款的对象群体不特定且极其庞大。首先，并非所有的放贷业务均会产生纠纷，产生纠纷的比例占放贷业务的总数较小；其次，“粤公正”平台并非全部案件均对外公开，有部分案件因技术原因未能公开。由此可见，原告的放贷对象为不特定的广大群体，基数庞大。

（二）从原告提交的证据八的银行账户历史明细可以判断：

1. 原告提交了其在中国工商银行东莞星城支行开户，账号为 62220820100××××××××，交易期间为 2017 年 7 月 1 日到 2019

年5月15日的历史明细，可以看出，在22.5个月的时间里，该账户与不特定对象交易频繁，合计有99页交易信息，每页交易笔数为25笔，共有2475条信息，平均每月有110条交易信息，交易的频繁程度令人惊讶。而这仅是原告众多银行卡中的一张的交易信息，根据其提交的证据，其至少还有中国农业银行账号为62284506000×××××××（见原告提交的证据三）、不明行别账号为62222350×××××7458、不明行别账号为4135210×××××5039、不明行别账号为622908398×××××3618、不明行别账号为6259064×××××1310、不明行别账号为6214396886×××××5810等的账户（以上见原告提交的证据八），可见其账户众多，合理推断其与更多的不特定对象存在更多的交易关系。

2. 仅从原告提供的证据八的银行账户历史明细的部分交易时间（2019年3月17日至2019年5月15日）便可以看出，其与超过15个不特定的对象存在资金往来，从交易资金的特征看，均有可能是原告放贷给这些不特定对象，而这些对象逐月还款。考虑到原告还有其他数量众多的银行卡，其向不特定对象发放贷款的对象及交易笔数会更多。根据前述线索可初步判断，原告的放贷行为已经符合最高人民法院、最高人民检察院、公安部、司法部《关于办理非法放贷刑事案件若干问题的意见》第1条之规定。

（三）根据原告当庭陈述，李某及胡某某均系原告聘请的财务人员，可见原告从事非法放贷业务已经职业化和专业化：

民间借贷的基本特征应该是以自有资金作为出借资金来源，且行为人不应以放贷作为其主要营利手段。但从原告当庭陈述其聘请了财务人员帮助其管理放贷业务的收款账务、代为收取还款等情形来看，结合原告从事放贷业务的时间跨度已逾10年，可见其已经把放贷业务作为其主要职业，并且在行为模式上已经非常专业，和相关专业人员组成了较为固定的协作团体，已经突破了法律许可的民间借贷层面。认定其为职业放贷人符合国家司法政策。

（四）原告在诉讼过程中存在虚假陈述等虚假诉讼行为：

1. 在 2020 年 8 月 14 日的法庭调查中，原告坚称其在收据中填写利率“2.5%”的时间与借款合同及抵押合同的形成时间一致，但经过鉴定，认定利率“2.5%”的填写时间与两份合同的形成时间并不一致，原告遂在本次庭审中承认利率“2.5%”的填写时间是 2019 年 7 月，由原告本人填写。

2. 在原告向法庭提交的《等额还款统计表》中，其主张被告向其还款的金额为 806,673 元，但在被告向法庭提交确凿证据证明已经还款 1,075,242 元之后，其又改口称前述金额错误系其财务人员统计错误导致。

以上错误均为可容易发现的低级错误，且错误之处均偏向有利于原告，可以合理怀疑并非无意之过，而是有意为之，属于在法庭上故意作虚假陈述，这也是虚假诉讼的常见表现，更是职业放贷人不讲诚信、追逐高利益的表现。

综合前述四点，代理人认为，原告存在向不特定的借款对象出借大额资金的行为，其行为具有反复性、经常性、营利性，符合职业放贷的法律特征，应认定为职业放贷人。其为牟取非法利益，不惜虚构事实、篡改合同，不惜在法庭上做虚假陈述干扰法庭的审理工作，其行为的性质极其恶劣，应依法认定其属于非法放贷的职业放贷人身份。

二、原告除了应被认定为职业放贷人之外，其行为还涉嫌非法经营罪。

（略）

三、中央、国家司法政策对于非法民间借贷严厉打击的态度是鲜明的、规定是明确的，本案的处理中必须严格遵循该政策。

1. 中央多次强调，共同富裕是社会主义的本质要求，是中国式现代化的重要特征。而非法的民间借贷职业放贷行为人，以其掌握的资本优势，通过虚构事实，签署不公平的，甚至是空白的合同的方式，根据其自身意愿随意对处于劣势的借款人进行过度压榨以获取不法利益（本案中原告就在借款合同中非法填写、添加了高额利率），以损害借款人的利益为代价非法增加其财富，在客观上扩大了贫富悬殊，其行为不仅违反了民事法律行为的诚信原则，也完全违反了中央的根本方针，不符合社会主义的本质要求。本案的审理中，不仅要在严格依法查明案件事实的基础上准确认定原告的职业放贷人身份，更要对其中可能涉嫌犯罪的线索依法移交，以防止对不法行为的放纵，防止产生更为严重的社会问题。

2. 具体到对非法民间借贷行为的打击处理，中央司法机关和职能部门频繁出台相关文件以加强该专项工作。包括 2018 年 4 月中国银行保险监督管理委员会[1]、公安部、国家市场监督管理总局、中国人民银行联合下发了《关于规范民间借贷行为维护经济金融秩序有关事项的通知》，2019 年 7 月最高人民法院、最高人民检察院、公安部、司法部联合制定了《关于办理非法放贷刑事案件若干问题的意见》，2019 年 11 月最高人民法院发布了《全国法院民商事审判工作会议纪要》，2020 年 8 月最高人民法院发布了新修订的《关于审理民间借贷案件适用法律若干问题的规定》，在第 14 条“认定民间借贷合同无效”条款中，增加了第 3 项“未依法取得放贷资格的出借人，以营利为目的向社会不特定

[1] 现为国家金融监督管理总局。

对象提供借款的”等。以上法规均表明了中央严格、从严管理和规范民间借贷行为的坚决态度。

2020年8月20日，时任最高人民法院民事审判第一庭副庭长刘敏在回答记者提问时表示，所谓“职业放贷人”，就是出借人的出借行为具有反复性、经常性，借款目的也具有营业性。本案中，无论从哪个角度分析原告的放贷行为，均符合前述司法规范的精神，应该认定其为职业放贷人。

经过漫长的等待，笔者终于在2022年2月18日收到了案件一审判决结果，此时春节刚过，尚未出正月，但已经是开庭审理之后近半年了。怀着忐忑的心情，笔者打开了法院专递，阅读之后笔者欣喜地发现一审判决支持了我方关于Z某某系职业放贷人的主张，判决确定合同无效，被告原还款金额绝大部分被视为偿还本金，剩下需要偿还的金额大幅降低，我方当事人的权利得到有效维护。判决内容摘录如下：

本院认为，本案为民间借贷纠纷。案涉民事纠纷发生于《中华人民共和国民法典》施行之前，依照《最高人民法院关于适用〈中华人民共和国民法典〉时间效力的若干规定》第一条的规定，本案应适用案涉纠纷发生时的法律法规及司法解释，即《中华人民共和国合同法》及相关司法解释等，根据诉、辩双方的意见，本案争议焦点为：1. 原、被告是否成立借款合同关系及合同效力问题；2. 被告向原告返还款项的金额如何确定。围绕上述争议焦点，本院综合分析如下：

针对焦点一。《最高人民法院关于审理民间借贷案件适用法律若干问题的规定》第九条第（二）项规定，自然人之间的借贷合同，以银行转账、网上电子汇款等形式支付的，自资金到达借款人账户时，可以视为合同成立。本案中，原、被告签署了《最高额借款合同》及《最高额抵押合同》，原告已经实际向被告支付了案涉借款1,750,000元，被告出具了《借据》《收据》，被告对于《借据》《收据》的指印是否为本人按捺提出异议，经司法鉴定已经明确上述《借据》《收据》的指印为被告本人按捺，故本院认为，原、被告双方成立借款合同关系，且被告因申请指印鉴定预付的鉴定费8180元，应当由被告承担。

《最高人民法院关于审理民间借贷案件适用法律若干问题的规定》第十三条规定："具有下列情形之一的，人民法院应当认定民间借贷合同无效：……（三）未依法取得放贷资格的出借人，以营利为目的向社会不特定对象提供借款的；……（五）违反法律、行政法规强制性规定的……"本案中，原告于2017年11月至2017年12月分三笔向被告支付完毕案涉借款1,750,000元，根据本院查明的事实，原告在该期间两年内出借款项的主体较多，除了本案被告以外，原告于2016年提起的民间借贷诉讼有2件，2017年提起的民间借贷诉讼有2件，2018年提起的民间借贷诉讼有6件，且大部分均约定利息，部分利息甚至高于法定利率标准，有别于互助式的、偶然的民间资金融通行为，原告自称是通过亲友介绍出借款项，而通过亲友、单位内部人员等特定对象向不特定对象发放贷款的，亦属于向不特定对象非法放贷的行为。以上可见，原告通过向社会不特定对象提供资金以赚取利息甚至高额利息，出借行为具有反复性、经常性，借款目的也具有营业性，应认定为职业放贷人。又根据《中华人民共和国银行业监督管理法》第十九条规定："未经国务院银行业监督管理机构批准，任何单位或者个人不得设立银行业金融机构或者从事银行业金融机构的业务活动。"该强制性规定直接关系国家金融管理秩序和社会资金安全，事关社会公共利益，原告未经批准，擅自从事经常性的贷款业务，属于从事非法金融业务活动，违反了上述强制性规定。因此，本院认为，原告与被告之间的借贷合同无效。

关于焦点二。《中华人民共和国合同法》第五十八条规定："合同无效或者被撤销后，因该合同取得的财产，应当予以返还；不能返还或者没有必要返还的，应当折价补偿。有过错的一方应当赔偿对方因此所受到的损失，双方都有过错的，应当各自承担相应的责任。"[1]案涉借款合同无效，被告因合同取得的财产应当予以返还，故被告应当向原告返还款项 1,750,000 元，并向原告支付资金占用利息。

关于利息，首先，《最高人民法院关于适用〈中华人民共和国合同法〉若干问题的解释（二）》第二十一条规定："债务人除主债务之外还应当支付利息和费用，当其给付不足以清偿全部债务时，并且当事人没有约定的，人民法院应当按照下列顺序抵充：（一）实现债权的有关费用；（二）利息；（三）主债务。"[2]据此，被告实际先后还款 1,075,242 元，依法应先抵充利息后抵扣本金。其次，虽然经司法鉴定确认在《借据》及《收据》中利息约定的手写内容形成时间在载明的手写时间"2017 年 12 月 7 日"之后，但并不能证实该利息约定是在被告签名及按捺指印之后增加，故被告提出的异议不能成立，被告因该项申请鉴定而支付的鉴定费用 18,540 元应当由被告自行负担。无论原、被告双方约定的利息是否为月利率 2.5%，从原告的催款记录及被告的实际还款情况来看，原告主张案涉借款以年利率 20.57 % 的标准按照等额本息方式计算利息，本院予以采信。最后，如前所述，本案双方当事人之间的借贷合同应认定无效，被告依法应当向原告支付的资金占用利息不应按照上述年利率 20.57 % 的标准计算，结合本案实际情况，根据公平原则，本院酌定将被告已经履行部分的应付利息调整为按中国人民银行同期 1~3

[1] 《合同法》已因《民法典》施行而废止，相关规定参见《民法典》第157条。
[2] 此解释已因《民法典》施行而废止，相关规定参见《民法典》第561条。

年期贷款利率的两倍计算至2019年8月19日，按照全国银行间同业拆借中心公布的贷款市场报价利率的两倍计算至2020年1月23日；未履行部分从2020年1月24日起以欠付本金为基数，按照全国银行间同业拆借中心公布的贷款市场报价利率计算至实际清偿之日止。经核算，截至2020年1月23日，被告尚欠原告借款本金949,436.6元，故被告应向原告返还款项949,436.6元并支付利息，利息以949,436.6元为基数，按照全国银行间同业拆借中心公布的贷款市场报价利率，自2020年1月24日起计至实际清偿之日止（具体计算情况见附表）。

此外，因原、被告之间签署《最高额借款合同》及《最高额抵押合同》而形成的借贷关系无效，故原告根据上述合同约定主张被告支付律师费，以及对抵押物享有优先受偿权没有法律依据，本院对此诉请不予支持。

综上所述，依照《中华人民共和国民事诉讼法》第六十四条、第一百四十二条[1]及上述援引法律、司法解释的规定，判决如下：

一、被告陈某某应于本判决发生法律效力之日起十日内向原告返还款项949,436.6元并支付利息（利息以949,436.6元为基数，按照全国银行间同业拆借中心公布的贷款市场报价利率，自2020年1月24日起计至实际清偿之日止）；

二、驳回原告Z某某的其他诉讼请求。

六、案件后续

一审宣判后，原告不服，提出上诉。二审中，法院主持调解，在原

[1] 本案中适用的是2017年《民事诉讼法》，相关规定参见2023年修正的《民事诉讼法》第67条、第145条。

告（Z 某某）继续作出大幅让步的前提下，双方调解结案，案结事了。

七、律师手记

本案有以下几个方面的问题值得关注：

首先，关于职业放贷人的身份认定问题。一审法院认定原告为职业放贷人，这涉及对其借贷行为的性质和法律地位的判断。职业放贷人在放贷行为中扮演着特殊的角色，其行为受到一定的法律约束。对于职业放贷人的身份认定，需要考虑其借贷行为的频繁性、规模性以及经营性质等因素。本案中，代理律师通过努力，搜集到了比较充分的证据，同时结合代理律师的有力论述，最终法庭采纳了我方主张。

其次，律师要秉持发散思维，特别是对于如何搜集证据要积极探索和寻找各种渠道。在互联网时代，要充分利用好互联网，利用好各级法院开放的信息渠道，为我所用。

最后，代理律师要坚定目标不放松。本案的办理过程中遇到了各种挑战，承办律师能迎难而上，突破各种障碍，最终达成目标。正所谓，世上无难事，只怕有心人。

追讨欠款跌宕起伏，代理交锋路转峰回

——陈某某与 A、B 两公司建设工程施工合同纠纷案

◎区文强 *

建设工程施工合同纠纷案件属于民事案件中办理难度较大的一类，此类案件一直以法律关系繁多、因果关系错综复杂、涉案金额较大著称。本案中，笔者作为原告方的代理人，提纲挈领，紧抓争议焦点，深挖证据线索，我方的主张最终成功得到了二审法院的支持。

一、债务人连续确认欠款，委托人满怀胜诉信心

2013 年 5 月某天，陈某某经他人推荐来到笔者办公室，请笔者代理一宗建设工程施工合同纠纷案件。陈某某陈述案情如下：

1995 年 10 月 ~1998 年 8 月，陈某某挂靠 C 公司并以 C 公司名义施工完成了 A 公司的木材加工厂和 B 公司的紫某花园的建设工程并交付使用，1999 年 3 月 17 日结算工程款 23,758,857.58 元。A 公司、B 公司支付了部分工程款项后长期拖欠余款，2005 年 5 月 31 日和 2008 年

* 广东普罗米修律师事务所合伙人律师；电子邮箱：13923711150@163.com。

10月30日，A公司、B公司两次共同确认：至2005年5月31日止共欠陈某某工程款本金5,943,857.58元，从2000年12月17日起按月息1%计算利息。2010年3月10日，A公司、B公司共同向陈某某出具《还款计划书》，确认至2010年3月17日止共欠陈某某工程款本金5,943,857.58元，从2000年12月17日起按月息1%计算利息，承诺在2010年6月9日前还清。2012年3月7日，A公司和B公司再次出具《还款承诺书》，确认自1997年12月17日起至2012年3月17日止共欠陈某某工程款本金5,943,857.58元，从2000年12月17日起按月息1%计算利息，并承诺在2012年9月17日之前偿还。

陈某某出示了上述相关证据材料。经过笔者仔细审阅，这些证据材料显示出如下情况：（1）A公司1999年3月11日作出的关于上述建设工程总决算的说明复印件，其中写明陈某某是上述建设工程的施工人，以C公司名义施工；（2）2005年《借欠款项确认书》，附表中列明木材加工厂的工程款本金为5,522,052.22元，紫某花园的工程款本金为421,805.36元，两项合计5,943,857.58元，从2000年12月17日起按月息1%计算利息，确认人为A公司、B公司，确认书上只有打印的公司名称，没有加盖公司印章，有两公司法定代表人王某某（两公司为同一法定代表人）签名；（3）2008年《借欠款项确认书》，附表中列明的工程款金额及计算利息与上一份确认书一致，确认人为A公司、B公司，加盖A公司印章，两公司法定代表人王某某签名；（4）2010年《还款计划书》，附表中列明的工程款金额及计算利息与上两份确认书一致，确认人为A公司、B公司，加盖A公司印章，两公司法定代表人王某某签名；（5）2012年《还款承诺书》，附表中列明的工程款金额与前面确认的金额及计算利息一致，承诺人为A公司、B公司，只有打印公司名称，没有加盖公司印章，有两公司法定代表人王某某签名；（6）A

公司向 C 公司开具的关于收到上述建设工程发票的收条；（7）C 公司 2000 年发给 A 公司的请求解决上述建设工程欠款的函，其中说明陈某某是上述建设工程的施工人。

陈某某表示，其诉求是 A、B 两公司连带偿还所欠的工程款 5,943,857.58 元及自 2000 年 12 月 17 日起至付清之日止按月利率 1% 计算的利息（暂计至 2013 年 5 月 18 日止工程款利息为 8,856,347.79 元，本息合计 14,800,205.37 元）。

笔者梳理了当事人提供的上述证据，有 A、B 两公司 2005 年、2008 年、2010 年和 2012 年 4 次出具的欠款确认书、还款计划书、还款承诺书原件，对证明欠付工程款事实有利；还有 A 公司关于涉案工程总决算的说明，但只有复印件，而且也没有建设工程施工合同原件，基础证据不足。因此，笔者要求当事人提供相关证据的原件。当事人回答，工程总决算说明是 A 公司作出的，原件由 A 公司保存，施工合同原件在工程竣工验收后全部交由发包人，自己无法提供。当事人反复强调，A、B 两公司近 7 年来连续 4 次确认了欠款事实和金额，最近还表示愿意偿还，只是现时无钱支付。当事人觉得其追讨欠款证据充分，事实清楚，对笔者要求其提供上述证据原件表示不解："有这些明摆着的证据和事实，律师你还担心什么？"

二、被告翻脸否认证据，原告败诉大失所望

笔者审查了陈某某的证据材料后，认为当事人提供的证据具有证据优势，可以证明其主张的事实，陈某某是涉案工程的实际施工人，其以发包人为被告主张支付欠付的工程款，符合法律规定，因此接受了其委托，作为其代理人参加诉讼。

2013年6月3日，按照当事人主张的事实和诉求，笔者代理其向深圳市罗湖区人民法院提起诉讼，列4次确认并承诺还款的A、B两公司为被告，陈某某挂靠的C公司为第三人，提交当事人提供的现有证据材料，同时向法院申请调查收集A公司保存的关于涉案工程总决算说明的原件。起诉后，第三人C公司提交书面答辩状，确认了陈某某挂靠其公司承包A、B两公司涉案工程并实际施工，由陈某某直接与发包人进行工程结算，应得工程款全部归陈某某所有的事实。A、B两公司法定代表人王某某以A公司名义向一审法院出具《证言》《证明》，确认原告是涉案工程的实际施工人，工程总决算说明原件由其公司保存。

开庭审理时，A、B两公司的法定代表人王某某没有到庭，由其诉讼代理人出庭。被告A公司答辩认为:（1）涉案工程不属于A公司，其与原告不存在建设工程施工合同关系，原告不是本案的适格原告。（2）原告没有施工合同和工程决算书，工程总决算说明没有原件，C公司虽承认原告挂靠其公司施工但没有提交施工合同和挂靠关系的证据，因此无法证明原告是涉案工程的实际施工人。（3）A公司没有授权王某某代表公司对外确认债权债务。（4）涉案工程已于1999年3月17日决算，到2005年5月31日王某某才出具欠款确认书或还款计划书，早已超过2年诉讼时效。B公司答辩认为：与A公司答辩意见一致，另外，B公司不是合同当事人，也未表示过要对A公司债务承担连带责任。

原告申请A公司原工程部经理许某出庭作证，其出庭作证证明原告是涉案工程的实际施工人。

一审期间，原告从A公司的出资人D公司处得到涉案工程施工合同原件、申请拨付工程款报告部分原件和工程总决算原件，立即将该原件送交一审法院法官助理过目并提交复印件，要求组织质证，但一审法院收件后未组织质证。

两被告申请对原告的证据2、3、4、5，即2005年5月31日欠款确认书、2008年10月30日欠款确认书、2010年3月10日还款计划书、2012年3月7日还款承诺书是否同一时间形成，2012年还款承诺书是否原件进行司法鉴定。南某司法鉴定所鉴定意见认为，相关文书不是同一时间形成，相距时间分别在1个月前后；还款承诺书是原件，附页工程款及利息计算表为复印件。

针对上述鉴定意见，笔者向法院提出两点异议：（1）鉴定意见认为“证据2、3、4形成时间相距分别在1个月前后”与事实不符；（2）鉴定意见认为“证据5的附页为复印件”与事实不符。异议理由是：第一，证据2实际是2005年5月31日形成，距鉴定时已经过去近9年时间，纸张和字迹磨损已经非常明显，仅凭正常人的肉眼就足以分辨其与其他证据（证据3、4、5）形成时间相距多年，而不可能为仅1个月前后。第二，证据2~5的法律意义在于保障原告债权的诉讼时效，因此自2008年10月30日证据3确认债务以来，基本上是在每2年内对债务再确认和承诺1次。鉴定意见确认证据5的真实性，又认定证据2、3、4的形成时间分别相距1个月前后，假如鉴定意见认定情形属实，那么证据2、3、4的形成就失去了意义。可见该鉴定意见明显不符合法律逻辑和生活常理。第三，证据5《还款承诺书》确认自1997年12月17日起至2012年3月17日止共欠陈某某工程款、借款及利息共计24,750,606.96元，并特别注明附有2012年2月21日“工程款、借款及利息计算表”。附页“工程款、借款及利息计算表”的计算时间为2012年2月21日，债务本息合计也是24,750,606.96元，与《还款承诺书》确认的内容完全一致。可见两者互相依存，同时形成，都是原件，而不可能一个是原件另一个是复印件。鉴定意见认定《还款承诺书》为原件，而认定附表为复印件，明显不合逻辑和违背常理。综上所述，鉴定意见确认证据 5 为原件，确认 4 个证据非同一时间形成，反映了客观真实。但仅根据几组数据的理论计算就推断证据 2、3、4 的形成时间分别相距 1 个月前后，认定证据 5 附页为复印件，既不符合逻辑又违背常理，明显与事实不符。请求法院对上述不符合事实部分的鉴定意见不予采信。

然而，一审法院最终采信了该鉴定意见中笔者认为不符合事实的意见。鉴定意见认为 2012 年还款承诺书是原件，但一审法院认为该证据上只有 A 公司的法定代表人签名，没有公司印章，对该证据不予采纳。一审法院认为，根据这份证据无法计算工程款额度，原告的请求得不到印证。一审法院采信了 2008 年欠款确认书和 2010 年还款计划书，但认为依据该 2 份证据原告已过诉讼时效。另外，一审法院认为，原告提供的证据上均没有 B 公司的印章，故原告要求 B 公司承担责任没有依据。此外，一审法院对第三人 C 公司确认原告是涉案工程实际施工人、工程款全部归原告所有的答辩意见，以及 A 公司法定代表人王某某和工程部经理许某确认原告是涉案工程实际施工人的证言不予采信，反而认为根据 C 公司 2000 年向 A 公司请求解决上述建设工程欠款的函，C 公司才是涉案工程款的权利人。据此，一审法院作出判决，驳回了原告的诉讼请求。

三、上诉意见紧扣焦点，论证说理直击要害

陈某某不服一审判决，要求笔者代理上诉。笔者代理其向深圳市中级人民法院上诉，提出以下上诉请求：（1）撤销一审判决。（2）判令 A、B 两公司连带偿还所欠上诉人的工程款及利息。（3）判令 A、B 两公司连带承担本案一审、二审全部诉讼费用。

笔者认为，本案的争议焦点如下：（1）陈某某是不是涉案工程施

工人?（2）陈某某是否有权主张支付欠付工程款?（3）欠付工程款金额是否具体明确?（4）本案是否过了诉讼时效?（5）A、B 两公司法定代表人王某某以公司名义出具对欠款的确认和还款承诺是否对公司有约束力? 围绕上述问题，针对一审法院的判决，笔者提出如下上诉意见：

1. 现有证据足以充分证明上诉人陈某某是涉案工程的实际施工人和欠付工程款的权利人

A 公司作出的涉案工程总决算的说明一开头就明确认定上诉人是涉案工程施工队的负责人。A 公司的法定代表人王某某以 A 公司名义向法院出具《证言》《证明》确认上诉人是涉案工程的实际施工人。A 公司原工程部经理许某出具《证言》并出庭作证，证明上诉人是涉案工程的实际施工人。A、B 两公司在 2005~2012 年 4 次共同向上诉人出具《借欠款项确认书》《还款计划书》《还款承诺书》，确认因涉案工程欠付上诉人工程款。原审第三人 C 公司在答辩状中确认上诉人挂靠其公司，借用其公司名义承包涉案工程，上诉人是实际施工人，应得工程款全部归上诉人所有。

上述证据形成了一个完整的证明体系，清晰地证明了本案的基本事实：1995 年 10 月 ~1998 年 8 月，上诉人借用第三人名义承包施工 A 公司木材加工厂、B 公司紫某花园的建设工程，1998 年 8 月工程竣工验收合格交付使用，决算工程款金额为 23,758,857.58 元。上诉人、A 公司和第三人 C 公司三方均明确认定上诉人是该工程的实际施工人，工程款全部归上诉人所有。上诉人与第三人只是挂靠关系，上诉人借用第三人名义承包工程、施工、结算和催收工程款，上诉人只需向第三人缴交挂靠管理费，工程款的实际权利人是上诉人而非第三人。

2. 现有证据足以充分证明 A、B 两公司所欠上诉人的工程款本息金额

2000 年、2001 年，上诉人分别以第三人名义向 A 公司去函请求解

决所欠木材加工厂工程款，A公司答复“定于近期达成解决协议”，对尚欠工程款事实及具体金额予以确认。

2005年5月31日、2008年10月30日，A、B两公司共同两次确认还欠上诉人木材加工厂工程款本金5,522,052.22元，紫某花园工程款本金421,805.36元，同时确认从2000年12月17日起按月息1%计算利息。两次《借欠款项确认书》确认欠工程款金额与2001年1月11日《证明》确认的欠木材加工厂工程款本金、工程总决算说明中确认的紫某花园工程款数额相一致。

2010年3月10日，A、B两公司共同出具《还款计划书》，2012年3月7日，A、B公司共同出具《还款承诺书》，再两次对还欠上诉人工程款事实进行确认，确认欠工程款金额、计息的利率及起计时间，均与之前所确认的相一致。

上述证据经历的时间跨度长达12年多，并且各以不同的形式体现，但反映的事实非常清晰，数字十分精确，共同指向同一事实及数额：A、B两公司共同欠上诉人木材加工厂工程款本金5,522,052.22元、紫某花园工程款本金421,805.36元，两项合计5,943,857.58元，从2000年12月17日起按月息1%计算利息。

3. 现有证据充分证明上诉人的请求未过诉讼时效

A、B两公司共同向上诉人承诺还款的最近时间是2012年3月7日。司法鉴定意见书认定2012年3月7日《还款承诺书》是原件，即证明了王某某代表A、B两公司向上诉人承诺偿还工程款意思表示的真实性。即使其附件为复印件，也改变不了《还款承诺书》是原件的性质，改变不了A、B两公司向上诉人承诺还款付息的客观事实。A、B两公司出具了该《还款承诺书》后，诉讼时效中断。上诉人起诉时间为2013年6月3日，起诉时并未过诉讼时效。根据最高人民法院《关于审理民事案件适用诉讼时效制度若干问题的规定》第 22 条“诉讼时效期间届满，当事人一方向对方当事人作出同意履行义务的意思表示或者自愿履行义务后，又以诉讼时效期间届满为由进行抗辩的，人民法院不予支持”[1]的规定，对两被上诉人关于诉讼时效的抗辩，法院应不予支持。

原审判决因附件为复印件而否定《还款承诺书》原件的效力，存在逻辑错误。

4. 法律明确规定企业法人对其法定代表人实施行为承担民事责任，王某某以 A、B 两公司名义实施行为的法律后果应由 A、B 两公司承担

《民法通则》第 38 条规定：“依照法律或者法人组织章程规定，代表法人行使职权的负责人，是法人的法定代表人。”[2]《民法通则》第 43 条规定：“企业法人对它的法定代表人和其他工作人员的经营活动，承担民事责任。”[3]法定代表人是法人的代表机关，其以法人名义实施的行为是代表法人的行为，其代表法人所实施行为的法律后果由法人承担。法定代表人代表法人实施的行为，无须法人加盖印章，同样对法人产生法律效力。

本案中，王某某分别是 A、B 公司的法定代表人。A、B 公司 2005~2012 年分 4 次共同向上诉人出具《借欠款项确认书》《还款计划书》《还款承诺书》，王某某作为法定代表人在 4 份确认书 / 计划书 / 承诺书上分别以 A 公司和 B 公司名义确认因涉案工程欠上诉人工程款并承诺还款。根据前述法律规定，王某某的代表行为应由 A、B 两公司承担民事责任，而不因未加盖其印章就丧失对其的法律效力。

---

[1] 本案中适用的是2008年发布的该规定，相关规定参见2020年修正的该规定第19条第1款。

[2] 《民法通则》已因《民法典》的施行而废止，相关规定参见《民法典》第61条第1款。

[3] 相关规定参见《民法典》第61条第2款。

5. B 公司既是紫某花园工程款的债务人，又通过债务加入行为成为全部欠工程款的债务人，依法应当和 A 公司向上诉人承担连带还款付息责任

B 公司事实上就是欠上诉人工程款的债务人之一。从 2005 年 5 月 31 日起至 2012 年 3 月 7 日止，B 公司共 4 次连续确认欠上诉人工程款的事实且作了还款付息的承诺，在原债务人 A 公司不脱离原债务关系的前提下，B 公司主动加入 A 公司与上诉人的债权债务关系中，与 A 公司共同向上诉人确认和承诺偿还所欠工程款本息，从而构成了并存的债务承担，又称债务加入，这是 B 公司对自己民事权利处分的法律行为。债务加入构成后，A 、B 两公司应对上诉人的债务承担连带责任。

笔者强调，综上所述，原审法院无视全案清晰完整的证据链，甚至遗漏和回避明显有利于上诉人的证据，认定事实错误，适用法律不当。上诉人请求二审法院依法改判，切实维护上诉人的合法权益。

上诉期间，上诉人向二审法院提交了建设工程施工合同、拨付工程款报告和工程总决算说明的原件作为新证据。

二审开庭审理时，笔者在原上诉意见的基础上，又补充了如下上诉意见：

（1）上诉人向二审法院提交从 D 公司得来的一组新证据，其中包括建设工程施工合同、拨付工程款报告和工程总决算说明的原件，进一步充分证明了上诉人是本案建设工程的实际施工人。

（2）上述新证据同时也证明了 A 公司事实上就是本案建设工程的发包人，并持有本案建设工程的全部档案材料和财务资料，其在一审时所做的关于没有该报建项目、不可能以发包人名义签订施工合同的陈述是完全虚假的，A 公司的答辩内容完全违背客观事实。

（3）上诉人是涉案工程的实际施工人，有权直接向发包人 A 公司

主张工程款。本案建设工程施工合同的承包人虽然以第三人的名义签订合同，但实际施工人是上诉人。最高人民法院《关于审理建设工程施工合同纠纷案件适用法律问题的解释》第 26 条[1]突破了合同相对性原则，规定实际施工人有权直接向发包人主张工程款。事实上，自建设工程施工以来，A 公司就是直接向上诉人支付工程款和确认欠款承诺还款。原审法院认定建设工程款的权利人是第三人而非上诉人，认定事实和适用法律都明显错误。

A、B 两公司答辩认为，原审判决认定事实清楚，适用法律准确，应当维持。同时向二审法院提交了一份其法定代表人王某某在一审判决后出具的《声明书》，称本案中其签署的系列文件陈述内容均不符合事实，是上诉人通过非法手段胁迫其签署的。

针对王某某的该声明书，笔者当庭提出如下质证意见，对其内容的真实性和证明目的均不予认可，并说明理由如下：

（1）《声明书》声称《借欠款项确认书》《还款计划书》《还款承诺书》《证言》《证明》是受上诉人胁迫所作的虚假文件，假如把这些证据当作虚假文件剔除出去，也还有 1999 年 3 月 17 日 A 公司对涉案工程总决算的说明，有 A 公司的收款收据，有 2000 年 7 月 31 日 A 公司对《关于请求解决欠款的函》的确认，有 A 公司原工程部经理许某在本案一审时出庭作证和提交的书面证言，还有本案二审提交的施工合同和申请工程款报告等证据，足以证明涉案工程和借款事实的存在。

（2）A 公司企图推翻其法定代表人在诉讼前确认、诉讼中自认的事实，必须提供足够的相反证据予以证明。A 公司未提供相应证据证明王某某受到了胁迫，仅凭一份声明书显然无法达到企图推翻客观事实的

[1] 已失效，相关规定参见最高人民法院《关于审理建设工程施工合同纠纷案件适用法律问题的解释（一）》第43条。

目的。

（3）A 公司对涉案事实和债务的确认，时间跨度达 16 年之久，案件从起诉至今也已有 2 年多。如果王某某受到胁迫，在那么长的时间里，其为什么不向公安机关报警？案件起诉到法院后，其为什么不向法院反映被胁迫情况？一审期间王某某还出具证言证明上诉人为实际施工人，到了二审竟然声称自己受到胁迫，这种说法显然不合乎日常生活经验，也不合乎基本逻辑。

（4）现在王某某声明推翻以前的全部确认，必须到庭接受法庭的询问。王某某不到庭，根本无法分辨其声明书的真假，更不能以该声明书作为推翻全部案件事实的依据。

（5）A 公司企图以声明书全盘否认其之前对涉案事实和债务的确认的做法，严重违反了《民事诉讼法》的诚实信用原则和禁止反言规则。

四、终审支持全部诉求，案件结局如愿以偿

二审法院一一回应本案争议焦点，并全部采纳了笔者的意见，认为：

A 公司在二审期间提交的王某某的《声明书》称其是在受胁迫情形下在《借欠款项确认书》《还款计划书》《还款承诺书》《证言》《证明》上签字，该证据系当事人的陈述，没有其他证据予以佐证，二审法院不予采信。

结合上诉人提交的《建设工程施工合同》《借欠款项确认书》《还款计划书》《还款承诺书》确定的内容，可以确定涉案工程由 A 公司发包给 C 公司，又由 C 公司全部转包给上诉人陈某某，上诉人是涉案工程的实际施工人，其有权向发包人主张欠付的工程款。

A、B 两公司认为《借欠款项确认书》《还款计划书》上王某某的签名以及 A 公司的盖章并非两公司的真实意思表示，对此，二审法院认为，虽然司法鉴定意见确认该两份文书形成时间相距 1 个月前后，但王某某的签名以及 A 公司的盖章均为真实，不能仅凭两者实际签订时间的差距而直接推断王某某的签名以及 A 公司的盖章系受胁迫而为，二审法院对该两份证据予以采信。

王某某 2012 年出具《还款承诺书》确认欠付的工程款及利息，虽然附表为复印件，但附表内容与《借欠款项确认书》《还款计划书》相互印证，应当予以确认。上诉人依据该证据的内容于 2013 年 6 月 7 日向 A、B 两公司提起本案诉讼，未超过诉讼时效。

上诉人提交的《借欠款项确认书》《还款计划书》《还款承诺书》可以确认 A 公司拖欠上诉人的工程款余额及应付利息。因 A 公司未履行还款义务，二审法院支持上诉人的诉讼请求。

虽然 B 公司非涉案工程的发包人，但其法定代表人王某某以其名义在《借欠款项确认书》《还款计划书》《还款承诺书》上签字，该签名行为对 B 公司具有约束力，应视为 B 公司对 A 公司上述债务的加入，其应对 A 公司欠付的工程款及利息承担连带清偿责任。

综上所述，原审法院认定事实和适用法律均有误，二审法院予以纠正，上诉人上诉请求有理，二审法院予以支持。

最终，二审法院作出判决，撤销原判，判决 A 公司应于判决生效之日起 10 日内向上诉人陈某某支付欠付工程款 5,943,857.58 元及利息（按月利率 1%，自 2000 年 12 月 17 日起计至判决确定的还款之日止），B 公司对 A 公司上述债务承担连带清偿责任。本案一审案件受理费、鉴定费和二审案件受理费均由 A、B 两公司承担。

委托人陈某某终于如愿以偿。

五、律师手记

本案充满戏剧性。债务人的法定代表人代表公司在诉讼之前 7 年多的时间内连续 4 次向债权人确认债务数额和计算利息，但在诉讼中竟然否认合同关系和债权债务关系，否认之前签名的真实性和合法性；司法鉴定意见把相隔 5 年多时间形成的文书认定为相距 1 个月前后时间形成；一审法院在现有证据充分证明原告所主张事实的情况下，竟然全部驳回起诉请求。

一审结果摧毁了委托人的心理预期，同时向代理律师提出了严峻挑战。面对一审败诉的不利局面，因为有确凿的事实和赖以支持诉求的法律规定为基础，代理律师必须坚定信心，重整旗鼓，力争获胜。

二审阶段虽然不再对一审证据进行举证，但是可以围绕争议焦点充分挖掘现有证据的证明意义，使之形成便于确凿证明基本事实的证据链条并呈现给合议庭。这是本案得以翻盘的关键所在。

运用持有证据拒不提交的法律后果、自认的效力、禁止反言、证人出庭作证等诉讼规则和举证质证方法，运用逻辑思维和生活常理，揭穿对方的虚假陈述和各种狡辩；准确援引有关法律规定，简要阐述代表行为的效力、债务加入的后果等法理，说服二审法院采信本方证据、质证意见和辩论意见，是本案的制胜之道。

当然，力求证据的全面和完整，是对原告起诉的基本要求。一般来说，在建设工程施工合同纠纷类案件中，原告应当提供建设工程施工合同原件作为基础证据以证明合同关系。起诉前笔者就对委托人进行了提醒，起诉后更是催促委托人千方百计找到施工合同原件提交法院，这些有力证据成为二审法院支持上诉请求的重要基础。

主张双薪攻潮迭起，否认关系固守如磐

——张某某与 D 宠物诊所劳动争议案

◎区文强 *

在劳动合同纠纷类案件中，劳动关系的认定是极为关键的环节，直接关系案件的走向和结果。准确、清晰地认定劳动关系是保障劳动者合法权益、维护企业合法经营以及促进社会和谐稳定发展的重要基础。本案中，律师拿捏得度，一针见血地抓住当事人与张某某并不存在劳动关系这一要点，依法维护了当事人的合法权益。

一、横祸飞来，急请律师

2022 年 4 月中旬某天，D 宠物诊所经营者鞠某急匆匆地来到笔者办公室，还没坐下，就大喊："我有冤情，律师快来帮我！"笔者说莫急，请慢慢道来。

鞠某把一大沓材料摆上了桌面。原来是他刚刚收到的深圳市龙岗区劳动人事争议仲裁委发来的仲裁开庭应诉通知书及相关材料。《劳动争

* 广东普罗米修律师事务所合伙人律师；电子邮箱：13923711150@163.com。

议仲裁申请书》中显示的案情是：申请人张某某主张D宠物诊所的供应商介绍其到D宠物诊所工作，2021年10月20日经鞠某面试，2021年10月27日张某某正式入职D宠物诊所，岗位是医疗助理，约定工资由底薪5000元加餐补30元/天加提成构成，每月通过李某某个人微信转账方式发放上月工资。2022年3月21日张某某因个人原因离职，因D宠物诊所未与其签订书面劳动合同，且拖欠其2022年2月1日起至2022年3月21日止的正常工作时间工资，张某某遂向劳动争议仲裁机构提出仲裁申请，请求D宠物诊所支付2022年2月1日起至2022年3月21日止其正常工作时间工资9500元，支付2021年10月27日起至2022年3月21日止未签劳动合同的2倍工资差额23,750元。

张某某向劳动仲裁委提交了其分别与微信名称为“D宠物医院”“D医疗工作群”“中华犬大眼妹甜甜救护群”“温某某”等的聊天记录，证明其系D宠物诊所的员工；提交了“李某某”微信转账发工资截图、“D宠物医院”微信转账发加班工资截图、“温某某”微信转账发餐补截图，证明D宠物诊所曾向其支付工资、加班费和餐补费；提交了显示张某某穿着D宠物诊所工作服工作情景的视频光盘、D宠物医院处方笺、D宠物医院检测报告等证据材料，证明其在D宠物诊所提供劳动的事实。

笔者问鞠某：“张某某是不是D宠物诊所的员工？”鞠某干脆地回答：“我诊所没有这个员工，我不认识她，也没有她的微信。她告错人啦！”

笔者当即逐字逐句仔细查看了上述证据材料，然后对照证据材料一一询问鞠某相关问题。经过研究分析和认真思考，笔者表示接受鞠某的委托，代理他去参加仲裁。鞠某这才松了口气，擦干汗水办理委托手续。

二、巧妙质证，仲裁采信

仲裁开庭审理，笔者答辩指出：申请人张某某与被申请人 D 宠物诊所不存在劳动合同关系，被申请人无须支付劳动报酬和未签劳动合同的双倍工资差额。申请人的仲裁请求没有事实根据和法律依据。请求劳动仲裁委依法驳回。

仲裁庭听完答辩意见，顿觉愕然。静默一会儿，仲裁员开始主持双方当事人举证质证。笔者对申请人的证据发表如下质证意见：

（1）针对申请人提交的全部“微信聊天记录”，对真实性、关联性、合法性和证明目的均不予认可。理由是：第一，微信账号无须实名注册和实名认证，微信名称更不要求真实姓名，微信使用人对本方名称可以随意编造，对微信好友的名称和微信群的名称可以随意修改，微信聊天窗口显示的个体姓名或者群名称具有多样性和随意性，而不具有唯一性和真实性。因此无法确认该证据中微信聊天各方的主体身份。第二，被申请人没有注册“D 宠物医院”微信账号，也没有建立“中华犬大眼妹甜甜救护群”“D 医疗工作群”等微信群。因此无法确认这些微信聊天记录的来源。第三，微信聊天显示的 2021 年 10 月 20 日入职内容表明该聊天人与某医院一位医生进行联系，但没有显示被申请人的诊所名称、联系人员姓名、经营地址等具体身份信息，也没有显示建立劳动合同关系所必备的双方当事人身份名称、工作内容、工作地点、劳动报酬、劳动合同期限等基本内容。因此该聊天记录与被申请人没有任何关联性。第四，工资单没有原件进行核对，无法确认其真实性。同时，工资单上没有被申请人的盖章和签字，也没有被申请人的其他有效标识，工资单不是被申请人制作的，该证据与被申请人无关。第五，该证据显示申请人的工资全部来自“李某某老板”。被申请人处不存在“李某某老板”。被申请人是个体工商户，经营者和负责人是鞠某，被申请人没有向申请人发放过工资。第六，被申请人处没有温某某这个员工，被申请人也没有向申请人发放过餐补。

（2）针对申请人提交的视频光盘，对真实性、关联性、合法性和证明目的均不予认可。理由是：该视频属于申请人单方制作，被申请人处没有申请人所穿工作服，该环境也不是被申请人的工作场所。

（3）针对申请人提交的 D 宠物医院处方笺和检测报告，对真实性、关联性、合法性和证明目的均不予认可。理由是：没有原件，无法核实其真实性，且处方笺和检测报告均没有被申请人盖章和签字，不排除是申请人单方制作。

听了笔者的质证意见，仲裁员问申请人：在 D 宠物诊所工作期间，你的工作由谁安排？申请人回答：我平时的工作由鞠某安排，我也是向其汇报工作，我的直接领导是鞠某。听了申请人的回答，笔者相信仲裁员之前的疑惑也有了答案。

仲裁委认为，申请人主张平时工作由被申请人经营者鞠某安排，平时其也是向鞠某汇报工作，直接领导就是鞠某，但申请人提交的微信聊天记录和视频光盘，既无法确认对话人的身份是鞠某，也无法看出工作场所为被申请人处。另外，从申请人提交的微信转账截图可见李某某每月向其发放工资，申请人没有提交证据证明李某某与被申请人之间的关系。综上，就申请人目前提交的证据而言，不足以证明申请人受被申请人的管理且从事被申请人安排的有报酬的劳动，申请人应承担举证不能的不利后果，故仲裁委认定申请人与被申请人之间不存在劳动关系。申请人基于劳动关系存在而请求被申请人支付工资、未签劳动合同 2 倍工资差额，均缺乏事实和法律依据，仲裁委不予支持。最终，仲裁委作出裁决，驳回申请人的仲裁请求。

三、击退再攻，终审全胜

劳动仲裁庭审结束后，张某某不服仲裁裁决，向深圳市龙岗区人民法院提起诉讼，列鞠某为被告，诉讼请求与劳动仲裁标的相同。法院适用小额诉讼程序进行了审理。鞠某委托笔者代理其参加诉讼。

张某某向法院起诉提交的证据除仲裁时提交的证据外，还增加了以下证据：（1）张某某与客户的微信聊天记录，其中有 6 张客户的付款凭证，证明其在被告处接待客户，为客户提供服务的事实。（2）显示张某某个人信息的医院后台服务系统数据照片、医院处方笺，证明其为被告的工作人员。（3）粤康码和行程码，证明其工作单位和工作地址是 D 宠物诊所。

开庭审理时，笔者答辩认为：被告的经营主体类型是个体工商户，名称叫深圳市 D 宠物诊所，被告本人是投资人、经营者和负责人，此外没有其他股东或者老板。原告在仲裁庭审时主张，其平时工作由被告本人安排，日常也是向被告本人汇报工作，直接领导就是被告本人。但是原告无论是在仲裁还是在一审期间提交的证据指向的用人单位都是“D 宠物医院”，医院老板和工资支付人是李某某。原告提交的所有证据没有一处可以显示被告本人对原告工作的领导、安排、管理和监督。“D 宠物医院”不是被告经营的企业，李某某不是被告经营诊所的老板，被告与原告不存在劳动合同关系，被告没有安排原告从事过任何劳动，没有向原告支付劳动报酬的义务。因此，被告无须向原告支付劳动报酬和未签劳动合同的双倍工资。原告的诉讼请求没有事实根据和法律依据，请求法院依法驳回。

针对张某某提交的其与客户的微信聊天记录，笔者对真实性、关联性、合法性和证明目的均不予认可。理由是：第一，该证据中的6张付款凭证显示，收款方商户全称为“D宠物医院深圳健康花城店”，该收款单位明显不是被告的经营主体，被告的个体工商户全称是“深圳市D宠物诊所”，因此该证据所显示的工作内容与被告没有任何关系。第二，该证据中6张付款凭证的付款日期分别是2021年8月16日、2021年9月22日、2022年2月15日，也就是说，原告想证明其在此期间已经在“D宠物医院深圳健康花城店”工作。原告在仲裁期间和本案起诉状中主张其从2021年10月27日开始入职被告经营的D宠物诊所，而上述付款凭证日期与原告主张的入职日期互相矛盾，进一步证明了原告的工作单位不是被告经营的D宠物诊所。

针对原告提交的后台服务系统数据照片、医院处方笺，笔者对真实性、关联性、合法性和证明目的均不予认可。理由是：第一，后台服务系统数据照片没有原件进行核对，无法确认其真实性。第二，后台服务系统数据照片和医院处方笺的机构名称明显与被告经营的D宠物诊所名称不同，该照片和处方笺上没有被告签名、D宠物诊所盖章或者其他有效标识，因此该后台服务系统数据和处方笺明显不是被告的。第三，原告在仲裁时确认自己没有取得医师资格，工作岗位只是医疗助理，但该证据中的医院处方笺最后一行显示“兽医师张某某”，按理来说该兽医师应当不是原告。

针对原告提交的粤康码和行程码，笔者对真实性、关联性、合法性和证明目的均不予认可。理由是：按常理，粤康码和行程码的部门信息是原告自己备注，并且该证据显示有做过修改的记录。即使如此，该部门的名称和地址也均与被告经营的D宠物诊所的名称、地址不一致。因此与被告没有任何关联性。

当天庭审从9点持续到12点，法庭调查和辩论结束后，审判员问双方还有什么补充意见。这时，原告突然又拿出如下4组补充证据材料：（1）原告与D宠物诊所店长张某的微信聊天记录，证明其是D宠物诊所的员工。（2）原告与被告鞠某的微信聊天记录，证明其是D宠物诊所的员工。（3）原告工作视频，证明原告的工作地点在D宠物诊所。（4）李某某的执业兽医备案表，证明李某某是D宠物诊所的工作人员。审判员要求我方发表质证意见。笔者当时心想，双方对峙消耗到了这个点上，眼看庭审即将结束，关键时刻，我方怎能功亏一篑？因此，笔者快速浏览了这些材料，当即表示对这组证据的真实性、关联性、合法性和证明目的均不予认可，由于时间问题，休庭后笔者再提交书面意见说明具体理由。审判员当庭允许。休庭时已经是12点半。

休庭后笔者对原告补充证据向法庭提交了以下质证意见：

（1）对补充证据1“原告与D宠物诊所店长张某的微信聊天记录”的真实性、关联性、合法性和证明目的均不予认可。理由如下：第一，该聊天相对方的微信名称不具真实性，不排除是原告故意修改过的，因此无法确认相对方的真实身份。第二，被告处没有张某这个员工，原告与张某的微信聊天内容与被告没有关联性。

（2）对补充证据2“原告与被告鞠某的微信聊天记录”的真实性、关联性、合法性和证明目的均不予认可。理由如下：第一，被告从未与原告有过任何直接联系，包括微信聊天。第二，原告在仲裁期间和一审举证期间一直未向仲裁机关和审判机关提交此证据，由此可以推断原告是为了本案诉讼用把相对方名称做过备注修改的其他微信聊天内容冒充与被告的微信聊天内容作为证据提交。第三，在该聊天过程中，原告自始至终把对方称呼为“医生”，并且从未出现该医生的具体姓名，因此无法确认该“医生”的真实身份。第四，原告主张入职被告经营的宠物诊所，知道被告是宠物诊所的老板，但在该聊天过程中，原告一直称呼对方为医生，连一次都没有称呼对方为老板。假如对方真的是其老板，这一行为明显不符合常理。第五，该聊天内容并没有显示相对方对原告工作的领导、安排、管理和监督，与原告在仲裁中主张被告是其直接领导、工作由被告安排、向被告汇报工作的说法不相符，从而推断相对方不是被告。

（3）对补充证据 3 工作视频的真实性、关联性、合法性和证明目的均不予认可。理由如下：第一，该视频显示的拍摄时间为 2022 年 6 月 25 日，原告在仲裁时主张其在被告处工作期间为 2021 年 10 月 27 日至 2022 年 3 月 21 日，该证据内容主张该视频是在工作时拍摄的，但拍摄时间明显与原告主张的工作期间不符，这证明原告对此作了虚假陈述。第二，原告在起诉状中确认被告原经营的 D 宠物诊所于 2022 年 6 月 22 日办理注销登记，已经终止，不再经营。同一日，原告收到仲裁判决书，不服裁决，决定起诉。于是在 2022 年 6 月 25 日才拍摄该视频，因此可以推断，在 D 宠物诊所已经注销，不再营业的情况下，原告为了本案诉讼，只能伪造现场、弄虚作假，通过摆拍的方式来完成视频拍摄。第三，该视频显示的环境图像缺乏整体性、全面性，各局部图像之间缺乏关联性，无法确认该环境的具体地点，与被告原经营的宠物诊所没有任何关系。

（4）对补充证据 4 执业兽医备案表的真实性、关联性、合法性和证明目的均不予认可。理由如下：第一，没有原件核对，无法确认其真实性。第二，原告在仲裁时主张其在 D 宠物诊所的工作期间为 2021 年 10 月 27 日至 2022 年 3 月 21 日，但该备案表显示的备案时间为 2022 年 4 月 25 日，即在原告主张的其在 D 宠物诊所的工作期间内，李某某并未到 D 宠物诊所工作。因此，在李某某到 D 宠物诊所工作之前，原告主张其与李某某的交往或者经济往来均与被告无关。

法院审理后认为：原告提交的相关微信聊天记录、D宠物诊所后台服务系统数据照片、D宠物医院处方笺、粤康码及行程卡、微信支付转账电子凭证、视频光盘等证据无法体现聊天对话人的身份是被告鞠某，也无法看出工作场所为被告处。另外，从原告提交的微信支付转账电子凭证虽可以看出李某某每月向原告支付工资，但无法看出李某某是代表被告向原告发放工资，原告也没有提交证据证明李某某与被告之间的关系。综上所述，原告提交的证据不足以证明原告受被告的管理且从事被告安排的有报酬的劳动，应承担举证不能的不利后果，故法院认定原告与被告之间不存在劳动关系，作出判决，驳回原告张某某全部诉讼请求。该判决为终审判决。

四、律师手记

担任用人单位代理人的律师，有时会遇到劳动者主张因用人单位未与之签订书面劳动合同而要求用人单位支付双倍工资差额的案件。在这些案件中，用人单位往往称该劳动者不是其员工，与其不存在劳动关系，要求律师帮其驳回对方的仲裁或诉讼请求。

笔者的看法是，不能单听用人单位的说法，不能全部相信用人单位，更不能轻易答应满足其要求。判断双方是否存在劳动关系，必须以证据和法律为判断标准。依据原劳动和社会保障部《关于确立劳动关系有关事项的通知》的规定，用人单位招用劳动者未订立书面劳动合同，但同时具备下列三方面情形的，劳动关系成立：一是用人单位和劳动者符合法律法规规定的主体资格；二是用人单位依法制定的各项劳动规章制度适用于劳动者，劳动者受用人单位的劳动管理，从事用人单位安排的有报酬的劳动；三是劳动者提供的劳动是用人单位业务的组成部分。用人单位未与劳动者签订劳动合同的，认定双方存在劳动关系时可参照下列凭证：工资支付凭证或记录（职工工资发放花名册）、缴纳各项社会保险费的记录，用人单位向劳动者发放的“工作证”“服务证”等能够证明身份的证件，劳动者填写的用人单位招工招聘“登记表”“报名表”等招用记录，考勤记录，其他劳动者的证言等。

在这类案件中，一般是由劳动者提供证据。担任用人单位代理人的律师，必须认真审查这些证据是否足以认定构成劳动关系。关键看是否有用人单位对劳动者有关工作身份的确认、考勤、发放工资等记录，核心证据为用人单位的签名、盖章，支付工资凭证等。在这里要特别指出的是，劳动者提交的证据中常常有微信聊天记录或者微信转账支付电子凭证，由于微信账号无须实名注册和实名认证，微信名称更不要求使用真实姓名，微信使用人对本方名称可以随意编造，对微信好友的名称和微信群的名称可以随意修改，微信聊天窗口显示的个体姓名或者群名称具有多样性和随意性，而不具有唯一性和真实性，无法确认微信聊天各方的主体身份。因此对这类证据必须特别加以注意。另外，微信转账支付虽然对账号主体进行实名认证，但转账付款人是自然人，而不是用人单位，因此关键是要看该付款人是否代表用人单位实施支付工资行为。如果确实构成劳动关系，律师不能帮用人单位否认，而应建议其与劳动者调解结案。

当然，双方确实不存在劳动关系的，就应当按照本案的办法处理。

建设工程中“阴阳合同”的效力界定

——优某德科技（中国）有限公司与湖南雷某建设有限公司建设工程施工合同纠纷案

◎温吉安 *

我国作为基础设施建设水平全球领先的国家，每年都有大量的工程建设施工，与之相生相随的便是逐年递增的建设工程施工合同纠纷案件。强制招投标项目在《民法典》、《招标投标法》、最高人民法院《关于审理建设工程施工合同纠纷案件适用法律问题的解释（一）》等相关法律中有详细明确的规定，因而在司法实践中争议较少，但在非强制招投标案件中，有颇多争议聚焦于建设工程中“阴阳合同”的效力界定问题。

一、“阴阳合同”，工程结算起纠纷

优某德科技（中国）有限公司（以下简称优某德公司）与湖南雷某

* 广东普罗米修律师事务所全国总部副主任、房地产与建设工程法律部主任、企业合规法律服务中心主任，深圳市罗湖区律师工作委员会企业合规法律专业发展中心主任；电子邮箱：wenjian@promise-u.com。

建设有限公司（以下简称雷某公司）于2010年8月24日签订了《广东省建设工程标准施工合同》（以下简称前合同），合同约定优某德科技（东莞）有限公司松山湖项目（以下简称涉案工程）由雷某公司进行承包施工。2010年8月28日，双方当事人又另行签订了《建筑工程施工合同》（以下简称后合同），后合同在承包范围、工程价款及结算、合同工期、质量标准及维修等方面进行了与前合同不一致的约定。2010年8月29日，双方签订一份《补充协议》，明确前合同仅作报建使用，不作结算等用途，双方的权利义务以后合同为准。

合同签订后，雷某公司于2010年10月15日进场施工，并于2011年8月完工。后双方因工程价款结算依据与质量维修归责等问题发生争议，雷某公司于2013年11月18日诉至东莞市第一人民法院，请求优某德公司以报建备案合同（即前合同）为依据向雷某公司支付工程款17,241,655.74元及逾期付款利息1,060,361.83元，优某德公司则反诉要求雷某公司支付维修费等各项损失合计4,758,090.83元。

二、一审认定，备案合同作结算

一审法院认为，本案的争议焦点主要有以下三点：第一，涉案工程应以哪一份合同作为结算依据；第二，涉案工程中防渗漏工程的保修期应是多少；第三，涉案工程是否存在工程质量问题，若存在，责任在谁。

关于争议焦点一，涉案工程是以前合同还是后合同为结算依据的问题。一审法院认为，涉案工程不属于必须进行招投标的工程项目，若涉案工程没有经过招投标，即使将合同进行了备案，该备案合同与双方另行签订的合同不一致的，以双方实际履行的合同作为结算工程价款的依据。但一经招投标，涉案工程都应受到《招标投标法》的约束。优某德公司自愿依法进行招投标，双方并将合同进行了备案，虽另行签订了合同，但仍应以备案合同作为涉案工程款结算的依据。遂以备案合同为工程款结算依据，判决优某德公司支付工程款 15,323,035.46 元及利息。

关于争议焦点二、三，工程质量保修期限及质量维修责任承担的问题。一审法院认为，目前合同约定屋面防水工程有防水要求的卫生间、房间和外墙面的防渗漏工程保修期为 1 年违反了《建设工程质量管理条例》第 40 条关于最低保修期限为 5 年的规定，故应以双方于 2012 年 6 月 1 日签订并用于备案的《房屋建筑工程质量保修书》（以下简称《质量保修书》）约定的保修期为 5 年为准。关于质量及维修责任问题，鉴定报告虽显示涉案工程出现的质量问题系因施工不合理导致的渗漏，但由于优某德公司在涉案工程未竣工验收时提前使用了该工程，依照最高人民法院《关于审理建设工程施工合同纠纷案件适用法律问题的解释》（以下简称《建设工程施工合同司法解释》）第 13 条[1]的规定，优某德公司擅自使用涉案工程后，又以使用部分质量不符合约定为由主张权利的，法院不予支持。

最终，一审法院根据以上理由判决优某德公司向雷某公司支付工程款 15,323,035.46 元及利息，同时驳回了优某德公司的全部反诉请求，一审以优某德公司败诉告终。

三、上诉主张，履行合同为依据

一审判决后，笔者在本案上诉期间临危受命，接受优某德公司的委

[1] 此解释现已失效，相关规定参见最高人民法院《关于审理建设工程施工合同纠纷案件适用法律问题的解释（一）》第14条。

托，代理其上诉，在短短10日内，笔者通过调阅一审案卷，组织案件背景交流、研讨，分析得出一审判决在认定事实和适用法律上均存在重大错误的初步结论，进而快速确定了上诉代理意见。摘录如下：

（一）涉案工程不属于强制进行招投标的工程，当事人先后签订两份不同的合同，属于当事人意思自治的范围，应尊重当事人真实意思表示，以实际履行的合同为结算依据

1.涉案发包人的招投标实为非实质意义上的招投标活动。涉案工程属于非强制招投标的工程项目，由发包人邀标，并自行组织考察审核后内部确定所谓中标的工程承包人的自主招投标活动，并非依《招标投标法》规定的法定程序进行，其目的在于挑选更多的承包人，实际为非实质意义上的招投标活动。未进行招投标活动或者未进行实质意义上的招投标活动而编造的，当事人明确表示仅用于备案以办理建设工程手续的合同，不属于《建设工程施工合同司法解释》规定的备案的中标合同[1]，不能作为结算工程款的依据。一审法院在没有查清事实的基础上，误将“备案合同”等同于“备案的中标合同”。实际上，涉案用于报建的备案合同（即前合同）并非中标合同，中标合同为双方实际执行的合同（即后合同）。

2.对于非必须招标项目，如果当事人自愿组织招投标且将中标合同备案后，又另行订立与备案合同实质性内容不同的合同，以实际履行的合同为准。因此，上述情况下还是应当以当事人实际履行的合同为工程款结算依据。

3.双方签订的《补充协议》明确，签订本合同仅作报建使用，不作

[1] 相关判例及司法观点详见《最高人民法院公报》2008年第8期“裁判文书选登”刊载的《西安市临潼区建筑工程公司与陕西恒升房地产开发有限公司建设工程施工合同纠纷案》。

结算等用途，且双方当事人在合同履行过程中签订的《钢筋混凝土挡土墙工程补充协议》以及《增加附属工程补充协议》均明确双方的权利义务以后合同为准，双方当事人实际履行的也是后合同，在纠纷发生前也是按后合同约定进行结算。

4. 司法部司法鉴定管理局发布的《建设工程司法鉴定程序规范》第7.1.9条第3款规定，法律、行政法规没有规定必须进行招标投标的建设工程，应当以发包人和承包人实际履行的施工合同作为工程造价鉴定的依据。

（二）涉案工程质量责任的认定

1. 涉案工程存在质量问题事实清楚、责任明确。广东泰安建筑工程质量司法鉴定所对涉案工程作出的司法鉴定书，认定所述质量缺陷是由于雷某公司的施工不规范，未按设计要求施工和施工质量控制不严等因素所致。雷某公司于2014年6月30日在法庭笔录中确认存在优某德公司提交的广东泰安建筑工程质量司法所所出具鉴定报告中描述的质量问题，且其在2014年6月24日、2015年3月27日两次法庭询问笔录中均表示对上述涉案工程建筑质量鉴定及建筑维修工程造价不申请重新鉴定，故该司法鉴定书可作为定案的根据。

2. 优某德公司在涉案工程竣工前仅对未正式投入使用的个别车间进行了调试。一审法院在未查清事实的情况下径直认定“部分使用”等于“全部使用”。优某德公司考虑到本案争议较大可能导致拖延过长时间，为避免损失进一步扩大，在报经法院同意后予以维修，但这并不能作为雷某公司对未使用部分质量异议的抗辩理由。

3. 即使发包人擅自使用，也不能因此免除承包人的保修义务。而且，雷某公司在优某德公司使用涉案工程后仍然签署了《质量保修书》，显然这是其自愿承担保修义务的意思表示，系其对自我权利的有效处分，符合“当事人意思自治”原则。

四、二审判决，上诉请求获支持

在二审中，笔者主要提出上述代理意见，并围绕争议焦点和代理意见进行了论证。二审法院采纳了笔者的代理意见。二审法院关于本案的裁判观点如下。

（一）关于涉案工程的结算依据问题

1. 涉案工程不属于法律规定必须招投标的工程项目，优某德公司自行组织招标，雷某公司投标后优某德公司经审核确定由雷某公司中标，该招投标活动属于未严格按照《招标投标法》的规定进行招投标活动，前合同不属于《建设工程施工合同司法解释》第 21 条规定的备案的中标合同。

2. 双方签订的《补充协议》明确，签订的前合同仅作报建使用，不作结算等用途，且双方当事人在合同履行过程中签订的《钢筋混凝土挡土墙工程补充协议》以及《增加附属工程补充协议》均明确双方的权利义务以后合同为准，双方当事人实际履行的也是后合同，在纠纷发生前也是按照后合同约定进行结算。

综上所述，二审法院认为涉案工程不属于强制进行招投标的工程，优某德公司通过自行组织招投标并经考察审核后确定涉案工程由雷某公司承包，双方签订合同并备案后，又另行签订合同并明确约定双方的权利义务以该份合同为准，属于当事人意思自治的范围，没有违反法律法规的强制性规定，后合同应为双方的真实意思表示，根据自愿原则，应以双方当事人实际履行的合同为准。

（二）关于涉案工程质量责任的认定问题

1. 雷某公司在一审中已确认涉案工程存在漏水、开裂等质量问题，而优某德公司针对涉案工程存在的质量问题委托广东泰安建筑工程质量司法鉴定所进行鉴定，该单位具备相应资质，其依法作出的《司法鉴定意见书》依据充分，雷某公司在一审时也已明确表示不申请重新鉴定，因此根据该《司法鉴定意见书》可证明涉案工程确实存在质量问题，且系施工不合理导致。

2.《建设工程施工合同司法解释》第 13 条规定的是“建设工程未经竣工验收，发包人擅自使用后，又以使用部分质量不符合约定为由主张权利的，不予支持”，但不能因此理解为发包人擅自使用后承包人可以免除保修义务。而且根据涉案《司法鉴定意见书》，涉案工程存在的质量问题与优某德公司提前使用不存在因果关系。

3. 雷某公司在优某德公司使用涉案工程后仍然签署了《质量保修书》，说明雷某公司明知优某德公司擅自使用涉案工程后仍然愿意承担质量保修义务。

综上所述，二审法院认为涉案工程在 5 年保修期内出现了因施工不合理导致的质量问题，雷某公司应按《质量保修书》的约定承担保修义务。

二审法院作出判决，将一审判决第一项“优某德公司向雷某公司支付工程款 15,323,035.46 元”改判为优某德公司向雷某公司支付工程款 7,729,841.79 元。改判雷某公司向优某德公司支付涉案工程维修费 3,108,000 元及工程质量鉴定费、维修工程预算咨询费 398,900 元。

二审判决后，雷某公司不服判决，向广东省高级人民法院申请再审，但被广东省高级人民法院依法驳回。

纵观二审法院的裁判说理可知，笔者针对争议焦点提出的代理意见，无论案件事实还是对相关法律规定的理解和适用都与二审法院的观点高度契合，并最终帮助优某德公司及时止损，不仅减少了其不应支付的工程款项，还为其争取回因争议而产生的鉴定费、工程维修费，最大限度维护了当事人的合法权益。

五、律师手记

2004 年 9 月 29 日，最高人民法院公布了《关于审理建设工程施工合同纠纷案件适用法律问题的解释》，为解决建设工程施工合同纠纷提供了法律保障。《民法典》施行后，2020 年 12 月 29 日，最高人民法院又公布了《关于审理建设工程施工合同纠纷案件适用法律问题的解释（一）》。办理建设工程施工合同纠纷案件的律师，应当学好用活该司法解释。

笔者认为，法律规定某些建设工程项目属于必须招标项目，其本质是公权力对私法关系的介入，主要目的在于维护公共利益。而对于非必须招标项目，由于其并不涉及公共利益，只关系合同当事人的利益，故应当以意思自治原则为优先，尊重当事人的真实意思表示。因此，对于非必须招标项目，如果当事人自愿进行招投标且将中标合同进行备案后，又另行订立与中标备案合同实质性内容不同的合同，该中标合同不属于上述司法解释规定的备案的中标合同，不能作为结算工程款的依据，还是应当以当事人实际履行的合同为工程款结算依据。

建设工程未经竣工验收，发包人擅自使用后，又以使用部分质量不符合约定为由主张权利的，法院不予支持，但不能因此理解为发包人擅自使用后承包人可以免除保修义务。

公司上市前夕的董事会决议效力之争

——新某材料股份有限公司决议成立的效力认定案

◎李　瑞*

上市公司在日常经营活动中，经常会面临诸多法律纠纷与涉诉风险。上市公司涉诉，无论是作为原告方还是被告方，都可能会对公司日常运营及未来业绩产生不良影响，甚至导致股价波动的情况。为保障投资者的合法权益、维护市场的稳定发展，根据《上市公司信息披露管理办法》等法律法规的要求，上市公司需将其涉及的重大诉讼、仲裁等重大事件与对公司的影响进行及时披露。因此，上市公司遭遇诉讼时寻求积极有效的法律帮助就显得尤为重要。

一、离职董事恶意提起诉讼，上市前夕制造风波

深圳市新某材料股份有限公司（以下简称新某公司）成立于 1992 年 7 月，计划于 2017 年 8 月 7 日在上海证券交易所正式上市。华某贸易行是在香港设立的合伙企业，为新某公司最初设立时的股东。2005 年

* 广东普罗米修（龙岗）律师事务所副主任、律所合规委成员；电子邮箱：13428942460@163.com。

6月15日，新某公司董事会作出一项董事会决议："一致同意将华某贸易行持有新某公司的100%股权以人民币1250万元转让给鸿某金属材料有限公司。"决议经新某公司时任三名董事陈某敏、陈某林、林某军签署，并经深圳市联合产权交易所见证（含股权转让协议）。2005年6月30日，经原深圳市贸易工业局及原深圳市工商行政管理局核准，新某公司办理工商变更登记。

2017年8月，新某公司上市前夕，新某公司董事长陈某敏突然接到陈某林的外甥林某生的电话，林某生称董事会决议上"陈某林"的签名并非其本人所签，要求新某公司董事长陈某敏支付2亿元了事。为了新某公司顺利敲钟上市，陈某敏不得已跟林某生对话，林某生在电话里说："就是敲诈，那你想想，不是在节骨眼上跟你谈判，你会理他们吗？……花点小钱，消点灾，这个事就过去拉倒了，好不好？"经协商，陈某敏向其支付了100万元。后陈某敏觉得不对劲，随即选择向公安机关报警。报警后，公安机关立即对涉案人员进行了立案侦查，并对林某生采取了刑事拘留的强制措施。

公安机关立案后，陈某林随即向法院提起诉讼，请求法院确认：新某公司于2005年6月15日订立的内容为"同意香港华某贸易行将其持有新某公司100%股权以1250万元转让给鸿某金属材料有限公司"的董事会决议不成立。

一审诉讼过程中，陈某林坚持否认其在董事会决议上笔迹的真实性，但却不肯向法院申请笔迹鉴定，一审法院以陈某林2005年6月15日没有进入内地的通行记录为由，将举证责任分配给新某公司，要求新某公司申请鉴定，遭到新某公司的拒绝后，一审法院启动了笔迹鉴定，后一审法院在判决书中的"本案查明"部分载明：新某公司拒绝预交鉴定费，陈某林代付了鉴定费。鉴定过程中陈某林不同意采用案前样本，一审法院以陈某林当庭书写的笔迹进行了鉴定，笔迹鉴定结果认定董事会决议上的签名为陈某林本人所签。一审法院认为，鉴定意见没有依据案前样本，检材与当庭书写的“陈”和“林”存在较大差异，遂以专家辅助人意见否定了笔迹鉴定意见。同时向新某公司释明了如果不采信鉴定意见，是否申请重新鉴定及不申请重新鉴定的法律后果，认定新某公司没有完成证明陈某林签署了涉案董事会决议的举证证明责任。最终，一审法院以“涉案董事会决议记载的议案‘香港华某贸易行将其持有新某公司 100% 股权以人民币 1250 万元转让给鸿某金属材料有限公司’，属于华某贸易行的重大股东权利，涉及华某贸易行的重大利益，应提交公司的最高权力机构董事会进行讨论表决，不属于可以不召开董事会而直接由全体董事在决议文件上签名的情形”为由，判决确认新某公司 2005 年 6 月 15 日内容为“同意投资者香港华某贸易行将其占公司 100% 股权以人民币 1250 万元转让给鸿某金属材料有限公司”的董事会决议不成立，支持了陈某林的诉讼请求。

新某公司一审完败。根据一审判决结果，新某公司作为上市公司，其股权结构合法性存在重大瑕疵，根据上市公司监管相关规定，新某公司构成退市条件，刚刚上市的公司将面临退市的风险，公司及投资人团队将面临重大损失。还好，目前只是一审判决，该判决的生效还需要经过二审法院的审查。若二审再败诉，新某公司将面临退市，这是公司不可承受之重。

二、律师专业细致，善用矛盾解决“矛盾”

面对一审的重大挫折，新某公司几经调查和权衡，中止了与原代理律师团队的合作，选择了笔者团队为其代理二审工作。

笔者团队在本案上诉期间接受新某公司二审委托，在短短 10 日内，调阅一审案卷，开展案件背景交流、研讨，梳理争议焦点，确定上诉思路及意见，拟定了长达 15 页的上诉意见，代理新某公司提起了上诉。二审期间团队不断研判案情，收集法律法规适用和类似裁判案例，又提交了 6 页的补充上诉意见。

（一）梳理争议焦点

2017 年 8 月 25 日，最高人民法院公布了《关于适用〈中华人民共和国公司法〉若干问题的规定（四）》（以下简称《公司法司法解释四》），于 2017 年 9 月 1 日正式施行。本案立案在《公司法司法解释四》2017 年公布并施行后的年末，当时，公司决议纠纷属于新类型的案件，审判实践中对于如何适用法律存在较大争议。多达千余页的案卷，长达 10 余年的关系纠葛，涉及深港两地法律主体，本案十分具有挑战性。笔者团队经阅卷、研究、讨论，梳理了如下争议焦点：

（1）陈某林是否具有涉案董事会决议的诉讼利益。

（2）涉案董事会决议的内容是否属于新某公司章程第 17 条规定的须经董事会一致通过的事项。

（3）关于举证责任分配、一审在涉案董事会决议鉴定过程中违反民事诉讼的诚信原则以及专家辅助证人效力认定的问题。

（二）确定上诉思路，提出上诉意见

针对上述争议焦点，抓住“涉案董事会决议事项不属于新某公司章程规定的一致决议事项，该决议只要董事会超过半数的董事通过即可，故决议依法成立”这一关键理由，笔者提出了以下上诉意见：

第一，香港华某贸易行的注册登记信息在股东一栏仅显示有霍某昌，陈某林仅是设立时的负责人而非股东，陈某林起诉时华某贸易行已注销，涉案董事会关于同意股权转让的决议仅涉及华某贸易行或其股东的利益，陈某林并非华某贸易行股东，故其不具有对涉案董事会决议的诉讼利益，依法应当裁定驳回其起诉。

第二，涉案董事会决议事项既不属于新某公司章程规定的一致决议事项，也未违反公司章程规定，不存在任何法定不成立情形。

首先，一审法院将“股权转让”视同“注册资本转让”有误。注册资本是股东投资设立公司的出资，出资后便成为公司的法人财产，注册资本转让本质上就等同于公司在转让自己的资产，转让人是公司，这也是法律上会将增资及减资作为公司重大决议事项的原因。但在法律上并没有注册资本转让的说法，只有增加注册资本或减少注册资本的规定。而本案转让的是股权，转让人系华某贸易行，两者有本质的区别。

其次，一审法院把华某贸易行的重大股东权利“交给”新某公司董事会表决，进而得出应提交公司（新某公司）董事会讨论的结论有误。一审法院认为，涉案董事会决议“香港华某贸易行将其持有新某公司100%股权以人民币1250万元转让给鸿某金属材料公司，属于华某贸易行的重大股东权利，涉及华某贸易行的重大利益，应提交公司的最高权力机构董事会进行讨论表决”。存在矛盾的是，既然是华某贸易行的重大股东权利，为什么要提交新某公司董事会讨论？

最后，涉案董事会决议本不属于新某公司应表决的事项，即使要表决，也仅是普通事项，经董事会超过半数的董事通过即可。涉案董事会决议并不涉及增资或减资的问题，华某贸易行转让自己的股权根本无须经过新某公司的董事会同意，涉案董事会决议事项即使要由新某公司董事会表决，也不属于新某公司章程第17条规定的须一致通过的决议事项和《公司法》第 37 条[1]规定的重大表决事项。

第三，一审法院举证责任分配失当、陈某林在涉案董事会决议鉴定过程中违反民事诉讼的诚信原则。

首先，一审法院适用最高人民法院《关于审理民间借贷案件适用法律若干问题的规定》第 16 条第 1 款[2]的规定，将被上诉人是否签署董事会决议及申请鉴定的举证责任分配给上诉人，违背了证据规则。该司法解释是在民间借贷泛滥的大市场背景下出台的，立法目的是规范不法借贷行为，在这个大背景及立法目的下才形成了此项加重原告举证责任的例外情形。该条规定适用的对象是“仅依据金融机构的转账凭证”的原告，系债权请求权的适用规定，仅适用于规范民间借贷的原告，也没有任何该条可以转换适用的依据。一审法院既然已认定本案不属债权请求权，却适用该司法解释，在逻辑上存在矛盾。

其次，陈某林在鉴定样本问题上出尔反尔，严重违反诚信。在鉴定开始之前，陈某林明确提出不同意采用案前样本，而执意采用其当庭签名（即案后样本）作为比对样本（不排除他故意作出违反书写习惯书写笔迹的行为）。一审法院未采纳新某公司的反对意见，确定以案后样本进行鉴定。但是当鉴定意见确认决议签名与陈某林当庭签名一致时，陈某林竟然以没有案前样本为由对鉴定意见提出疑问，这种出尔反尔的行为，严重违反诚信原则。

最后，鉴定程序、资质等均合法，鉴定意见对新某公司有利的情况下，一审法院行使的所谓“释明权”（如果鉴定意见不予采信，其是否申请重新鉴定），严重违背了常理。

[1] 本案中适用的是2013年《公司法》，相关规定参见2023年《公司法》第59条。

[2] 本案中适用的是2015年最高人民法院《关于审理民间借贷案件适用法律若干问题的规定》，相关规定参见该解释2020年第二次修正版第16条。

三、二审法院改判，支持上诉请求

二审庭审中，陈某林答辩认为一审事实清楚、适用法律正确，应予维持。双方围绕各自的主张进行了激烈的交锋，经过二审开庭补充调查及辩论，笔者团队又整理了15页的代理词提交给合议庭。

二审开庭后，经过一段时间的等待，终于接到了二审判决书。二审法院基本采纳了笔者团队的代理上诉意见和庭审观点，并撤销一审判决，进行了改判。二审裁判理由如下。

1. 陈某林在本案起诉时不是公司董事，其确认系以公司前董事的身份提起诉讼，相关司法解释未对此作出规定，但亦未明确排除前董事的诉权。根据《公司法》及新某公司章程的规定，董事会是公司的最高权力机构，董事是公司权力的具体行使者，在本案各方对董事会决议中的陈某林签名真实性存在争议的情况下，可以认定陈某林与涉案董事会决议是否成立具有利害关系，是本案适格原告。

2. 对于董事会决议是否存在不成立情形的问题，法院认为：

（1）涉案董事会决议仅是同意股东进行股权转让，并非处分新某公司的财产，从该董事会决议对新某公司的重要性及与新某公司的关联性看，只要新某公司董事书面表决同意即可。不能根据2005年6月15日陈某林是否在内地来判决董事会决议是否存在不成立情形。

（2）陈某林在一审中主张其是华某贸易行的实际控制人，并确认林某军系其外甥，受其委托经营管理新某公司，而林某军与陈某敏又是股权转让受让人鸿某金属材料有限公司的股东，股权转让时，新某公司属外商独资企业，案涉股权转让合同经过深圳国际高新技术产权交易所见证并报审批机关批准及办理了股权变更登记，所有股权转让程序已于

2005 年 6 月 30 日完成，陈某林在一审时提出华某贸易行未签署股权转让协议、股权见证存在虚假等主张，但至本案起诉时长达 10 余年的时间里，华某贸易行没有通过法律途径对股权转让提出异议，陈某林又主张其一直不知道案涉股权转让事宜的发生，明显违背常理及本案事实。

（3）陈某林主张董事会决议中其署名为虚假，根据“谁主张，谁举证”原则，应由其承担举证责任。一审法院认为有必要鉴定陈某林署名的真实性，应将申请鉴定的举证责任分配给陈某林，一审法院在将举证责任分配给陈某林之后，因陈某林提出异议，又将举证责任分配给新某公司，属于举证责任分配不当。在确定鉴定样本时，新某公司明确提出将华某贸易行 1985 年商业登记资料上陈某林的签名作为案前样本，但一审法院未予采纳，而是同意了陈某林提出的以其当庭书面的签名作为样本，但当鉴定机构作出董事会决议上陈某林的签名为真实的意见时，一审法院又认为鉴定机构没有依据前述案前样本进行鉴定。但该责任不应由新某公司承担。鉴定意见证实了新某公司的主张，一审法院向新某公司释明其是否申请重新鉴定及不申请的法律后果，亦属不当。本案没有进行鉴定的必要，即使根据一审委托鉴定的意见，亦不能支持陈某林的诉讼请求。

根据上述理由，二审法院作出终审判决：撤销一审法院作出的判决，驳回陈某林的诉讼请求。笔者团队在二审阶段取得全面改判的胜诉。

四、努力终有成效，塑造类案典型

本案例的典型意义，在于二审判决确立了以下裁判观点：

1.《公司法司法解释四》第 1 条规定，公司董事请求确认董事会决议不成立的，法院应当予以受理。该解释并未排除前董事的诉权，故即使起诉时不是公司董事，只要与决议成立与否具有直接利害关系，则法院应予受理。

2. 根据公司章程规定，董事会决议也可以通过电子邮件及书面表决方式作出的，不能根据董事是否在内地来判断董事会决议是否存在不成立情形。

3. 公司股权转让程序完成后，在长达 10 余年的时间里没有通过法律途径对股权转让提出异议，明显违背常理及本案事实。

4. 公司独资股东转让股权系处分股东自己的财产，并不需要公司董事会同意，股权转让程序已经完成，股权亦已变更登记，公司董事会决议是否成立对涉案股权转让的效力没有实质影响。

这些裁判观点对类案纠纷处理有着重要的参考作用。

五、律师手记

回顾和总结本案，笔者得出以下心得体会：

一是本案发生时间特殊，公司决议诉讼在 2017 年《公司法司法解释四》颁布实施后较为常见，自此公司决议诉讼已是有法可依的新局面，但新的法律实施同样带来各种应用难题。本案发生时正处在新法施行的探索阶段，法律规定的研究成为不可避免的一环，从立法目的出发阐述法律规定也是本案胜诉的重要因素，本案对此类型诉讼具有很强的参考和指导意义。

二是从案件基本事实出发，在公司决议诉讼中应坚持以诚实信用原则审查各方的诉讼观点及诉讼目的，即使未实际召开会议，但各项决议经过了有效人数的签字即视为决议成立。

三是事实与法律依据相结合，本案在当时属于新类型的案件，对于新案除注重对立法背景的研究及运用外，也要结合案件实际。该案从董事会作出决议到发生诉讼，其间长达10余年，陈某林作为新某公司的董事、股权出让方即案外人香港华某贸易行的法定代表人、股权受让方即案外人香港鸿某金属材料有限公司董事林某军的亲属，应当知道该股权转让情况，其10余年来一直未通过法律途径提出异议，应当视为同意该股权转让。

合同不能实现目的，诉讼解除挽回损失

——何某与秦某、朱某、东莞某电子商务公司合同纠纷案

◎胡秋华 *

依据《民事诉讼法》的规定，合同纠纷可以约定管辖法院，包括由原告住所地、被告住所地、合同签订地、合同履行地、标的物所在地等与争议有实际联系的地点的法院管辖，但不得违反该法对级别管辖和专属管辖的规定。实践中，依然存在争议，例如，某合同约定由合同签订地法院管辖，但是合同签订地不明确，法院对于是采用合同约定管辖，还是认为属于约定不明，无法确定其是否具有管辖权产生争议，进而给当事人立案起诉带来困难。律师应当对合同和案件情况予以分析，避免四处立案碰壁。在合同类纠纷中，往往存在一方当事人认为投入财物后没有达到自己想要的效果，进而提出解除合同，要求返还费用的情况，律师应当对合同解除的形式、条件和方式进行分析，选择合适的理由和正确的方式，以达到解除合同的效果。

* 广东普罗米修律师（东莞）律师事务所主任律师，广东省东莞市律师协会知识产权专业委员会委员；电子邮箱：18820939295@163.com。

一、转型不易，初入行病急乱投医

2021 年 6 月，何某心事重重地来到广东普罗米修（东莞）律师事务所，向笔者陈述了他的遭遇。

何某此前是一名 IT 从业者，2019 年因工作单位涉嫌非法集资倒闭而被迫离职，2020 年发生疫情，将近 40 岁的何某在这个行业已经无法找到合适的工作。于是他决定开始夫妻创业，选择了直播带货赛道。

初入新行业，因没有基础和经验，何某处处碰壁。在偶然的情况下，通过朋友介绍何某认识了朱某，查看朱某朋友圈后何某发现，每天都有人去朱某处考察了解和签约。何某觉得朱某经验非常丰富，团队强大，因此对其宣传内容深信不疑，仿佛找到了救命稻草。在朱某的邀请下，何某夫妻一同驾车前往朱某提供的公司地址了解情况。

在朱某的承诺和朱某公司热闹氛围的烘托下，何某没有多想，当场与朱某签订了《技术服务协议》，将服务费用转至协议指定账号，并且按照朱某的要求办理了 10 个营业执照，购买了 10 部手机（共计 8000 元），进行了抖音认证，信心满满地准备大干一场。

朱某从 2021 年 4 月 20 日开始授课，内容包括抖音店铺如何直播、如何引流、如何选择合适的商品推广等理论知识，理论课程于 4 月 26 日结束。2021 年 5 月 6 日，一对一的 7 天实操直播课程已经教学完毕。7 天实操课结束后正式运营，朱某要求何某配置至少 4 个人 5 台电脑，从 5 月 13 日开始完成每日制订的工作计划，每天需要 10 个账号进行直播，每个账号直播 5 个小时以上，连续 30 天，这样就可以达到合同约定的 30 天每一家抖音店铺的利润达到 5000 元以上。

何某表示，签订协议时朱某并没有说需要那么多人，所谓高佣金货源都是让自己去百度搜索非常便宜的食品、衣服等素材，且每天要求上传 1 万多个商品，夫妻二人根本无法完成。按照朱某要求采取刷单方式企图获取流量，还导致被封店。

何某还表示，朱某只是安排自己学习了一些抖音的基本运营规则，即使按照朱某的要求去做也没有任何效果，这与当初签订协议时的说法完全不同。

"太坑人了，签订协议时，朱某知道就是我们夫妻两人。现在说至少需要 4 个人，货源还要我们自己去找，每天 1 万多个商品，根本不可能完成，就是骗钱！"何某妻子气愤地说。何某说他们去报警了，警察把朱某叫过去，朱某说他们提供的是正规指导服务。警察表示这种情况属于民事纠纷，建议何某夫妻去法院起诉。何某夫妻表示，因为这个事情，前前后后花费了差不多 2 个月的时间了，现在他们想起诉，要求朱某退还一半的学费。希望笔者提供帮助。

二、仔细研究合同，引导当事人行使合同解除权

笔者认真研究了何某提供的《技术服务协议》，发现该协议没有约定解除情形，但是其中有两处出现了可以退费的约定：第 2 条第 1 项约定"服务包含前述 1 至 4 条的技术服务项目，收费 ×× 万元，甲方未提供相关软件及使用指引、业务跟踪指导及答疑等服务的可退全款"。第 3 条第 2 款约定"甲方购买技术服务，若按照乙方要求的时间在抖音上开设店铺以及抖音账号的，从授课结束之日起 30 日的每一家店铺利润未达 5000 元（利润测算以甲方所使用的乙方提供的软件），视作达到乙方向甲方无息退还服务费用的 ×× 万元的退款条款"。

笔者认为，上述两项涉及可以退还服务费用的约定，但第 1 种情形

比较模糊，很难界定朱某没有提供上述服务；第2种情形则约定了对没有实现每家店铺5000元利润的可提出退款。于是笔者建议何某先发函要求与朱某重新签订协议，明确双方权利义务。如朱某不同意重新签订协议，可以主张因合同目的不能实现而提出法定解除协议。

何某的妻子比较激动，质疑因报警无果而被告知是民事纠纷，朱某又不愿意任何协商，还会与她们重新签订协议吗？

笔者解释道，按照法律规定，解除协议需要通知朱某。

2021年6月17日，笔者让何某将笔者起草好的要求重新签订协议通知书寄送给朱某，不出所料，技术服务方即合同乙方秦某和保证人即合同丙方朱某明确表示，拒绝重新签订合同。2021年6月26日，何某寄送的《解除合同通知书》送达朱某，朱某收到通知后，依然表示自己已经履行义务，是何某没有按照他们的要求做，所以才没有效果和收益，朱某表示签订合同的时候其明确告知了需要的人员配置。

三、当事人决定起诉，但立案重重受阻

本案协议中约定“因本协议的履行而产生的纠纷，若无法协商解决而产生的诉讼，各方同意由本协议签订地的人民法院管辖”。问题在于，协议记载签订地为广东省深圳市，事实上本协议的签订地是在东莞市某镇，属于东莞市第三人民法院管辖范围。

笔者认为，该协议的约定管辖是不明确的，案件在标的和性质上不属于中级人民法院管辖，而深圳存在多个区域，事实上协议又不是在深圳签订的，因此该协议的争议管辖条款无效。

根据合同纠纷地域管辖的法律规定，在没有管辖约定或者管辖约定无效的情况下，可以由被告住所地和合同履行地法院管辖。合同履行地

管辖需要具体区分，往往结合诉讼请求判断，本案的诉讼请求不是简单的给付货币，也不是交付不动产，按照何某的要求，朱某应退还购买手机费等，涉及较为复杂。而被告住所地管辖只需要确定一个被告即可，其他被告也适用。

在确定立案管辖之后，下一步是整理证据材料，在网上提交立案申请。笔者决定，在协议管辖无效的情况下，以其中一个被告住所地属于东莞市第三人民法院管辖范围起诉。

然而，东莞市第三人民法院以本案虽然实际签订地在该院辖区，但合同有管辖约定，合同约定签订地和实际签订地不一致的应以合同约定签订地为准为由，拒绝签收材料，退回材料。

于是何某尝试选择了在深圳市福田区人民法院立案，结果被法院认定管辖协议无效，又无法证明合同实际签订地是在福田区，不予受理，退还材料。

何某非常疑惑，两边都不立案，现在怎么办呢？笔者建议何某夫妻亲自前往东莞市第三人民法院要求立案，有的时候法院见到当事人可能效果会更好。

因担心何某夫妻前往法院立案的时候由于对法律不清楚，解释不到位，笔者为其准备了《立案管辖请求书》，请求书中指出，本案的约定管辖不明确，应属无效。双方在东莞公司的注册处签订协议，朱某是以东莞公司的名义接洽，即便该公司最终不是承担责任主体，该项审查属于实质审查，而立案是登记制，不应当以立代审。既不立案，又不出具裁定不予受理的，属于违法行为。

到法院后，工作人员仍建议何某前往该协议记载的签订地辖区法院立案。何某当即打电话询问笔者该怎么办？

笔者建议：强烈要求该法院立案，提交立案材料和《立案管辖请求书》，坚持立案。如法院认为无管辖权，要求他们依法出具不予受理裁定书，我们可以在收到不予受理裁定书后进行上诉。

最终，法院接受了何某夫妻的材料，让他们等通知。然而两天后，何某收到的却是法院寄来的不予受理裁定书，法院坚持认为本案管辖约定有效。不过笔者并不灰心，法院出具了不予受理裁定书，为我们下一步提起上诉提供了依据，也算一个成果。

按照笔者的建议，何某在法定期限内提出了上诉。二审分配审理法官后，笔者第一时间与审理法官进行沟通，提供了更多证据证明实际签订地就在东莞公司。

最终，法官认可了笔者的意见，东莞市中级人民法院裁定本案由东莞市第三人民法院立案管辖。至此，立案问题终于得以解决。

四、深入分析案情，充分做好庭前准备

进入审判阶段，激烈的诉讼对抗即将开始了。

本案确定以不能实现合同目的为由要求解除合同。诉讼中我方必须向法院充分说明本合同签订的目的到底是什么，以及为什么不能实现合同的目的。

为此，笔者进一步与何某详细沟通，了解以下问题：双方是如何认识的？是如何签订协议的？谁提供的协议？协议的内容条款是如何达成的？协议履行中为何存在争议？为何双方各执一词，无法按照要求操作？朱某的要求是否合理，按照朱某的要求操作是否一定能够达成目标？经过沟通，笔者了解到如下情况：

（1）协议签订地是朱某提供的地址，该地址是东莞公司注册地址。工商登记的股东、法人代表和监事等均不是朱某和秦某。

（2）协议没有东莞公司盖章，只有秦某个人签字。当时何某相信朱某是公司的人，而且朱某向其承诺没有效果可以退费。

（3）签订协议的时候，是朱某提供的格式协议。

（4）朱某引荐何某与秦某签订协议，并和秦某及其他工作人员一起与何某夫妻在同一微信工作群中，实质性参与了服务工作。

（5）何某虽然提出过无法完成协议约定任务的异议，但是依然积极按照秦某、朱某的意思去做了，最终还是无法完成任务。

（6）直播软件在淘宝店铺中可以购买，淘宝店铺的价格比双方合同约定的价格低很多。课程中有要求刷单的内容，服务的方式、方法本身就是涉及违规的行为。抖店被封的原因并非何某操作问题，而是朱某指导不到位，其按照朱某要求刷单被封。

经过分析研究，笔者建议将朱某、秦某作为共同被告，除主张退还服务费用外，涉案设备的购买费、直播码、抖音实名认证费等各项费用均可以主张予以返还。

随后，笔者准备了庭审辩论要点，预想了朱某可能提出的抗辩策略和证据，提前做好充足的准备，提交书面质证意见和代理词。

五、庭审意外收获，判决超出当事人预期

庭审中，法官通过调查，被告人朱某、秦某的合作模式真相大白。朱某负责用吸引人的文案邀请何某夫妻至某电子商务公司，然后将事先准备好的协议交付给何某签署。获取的费用中的大部分给了朱某，秦某仅得到了小部分费用。

在另案他人提供的证据中，朱某发布在朋友圈的广告内容为：“费用：××万元/人，可以上门考察，偷师学艺后再决定交不交钱，一天

只接待 2 人考察，签正规合同，在公司学会回本了买车买房了再回去都行；其余投资费用：路由器 700 元，苹果 7 代 32G 手机 600 元，直播软件 200 元，抖音小店押金 2000 元（和淘宝保障局一样可以退出），个体营业执照 200 元……”

被告为了证明自己履行了合同义务，提交了线上授课记录和微信群聊记录。群聊中有很多是何某的疑惑，如“……，觉得你们很多东西有必要提前说一下”，回复“好的”。被告提交的证据也客观证明了确实存在很多签订合同的时候没有告知但在履行过程中经常向何某提出的要求。

在辩论阶段，笔者特别指出，“所有人都是一样的模式，简单地堆砌商品、刷单，无论是服装、食品或者其他行业，任何人按照这个操作就可以保证盈利，实现每个店铺月收入 5000 元以上。那么到底需要什么专业知识？被告提供的专业服务是什么？被告也没有出示过任何其具有电商从业经验的证据。被告能否拿出其他客户按照要求做就达到每家店铺都盈利 5000 元 / 月的证据呢？”对此问题，被告没有予以回应。

通过二次庭审，法院认为：根据双方签订的技术服务协议的内容来看，该协议为朱某单方制作的适用于所有学员的通用格式协议，并非就每个学员的服务内容及相关要求作出不同的、明确具体的规定。该协议所拟定的权利义务并非双方协商一致的结果。何某在履行协议过程中提出不同意见并要求重新签订协议并非违约行为。何某虽对教学内容提出意见，并提出 2 人无法完成 4 人的工作量，以及在中途有提出退出的意思表示，但其仍有按照秦某的要求积极上传商品、进行直播等相关操作。秦某并无证据证明何某对群里发布的工作安排置之不理。

双方确认在授课结束后每家抖音店铺利润未达到协议约定的 5000 元。从法院同时期受理的其他案件看，没有一位学员在授课结束之日起

30日内每一家店铺利润达到5000元的情况。

法院认为，秦某所提供的技术服务根本达不到其所保证的利润收益要求。双方签订的《技术服务协议》第3条第2款已约定了解除合同的条件。故对何某要求确认涉案协议于2021年6月25日解除的诉讼请求，应予以支持。因合同目的无法实现，给何某造成了相应的损失，何某有权要求赔偿。

法院作出如下判决：（1）确认原告何某与被告秦某、朱某签订的《技术服务协议》及《技术服务补充协议》已于2021年6月25日解除。（2）限被告东莞某电子商务公司、朱某于判决生效之日起5日内向原告何某返还服务费××万元。（3）限被告东莞某电子商务公司、朱某于判决生效之日起5日内向原告何某返还设备软件费××元。（4）限原告何某于判决生效之日起5日内向被告东莞某电子商务公司、朱某返还10台64GB的iPhone6手机。（5）驳回原告何某对被告秦某的全部诉讼请求。

经过一年半的努力，法院判决结果超出了当事人原来仅要求返还一半服务费用的预期。

六、律师手记

作为律师，对于新行业带来的新的法律问题要认真研究，对相关行业的运营规则更要了解和熟悉，才能有助于案件的办理。律师在诉讼中要将案件事实全面完整地展示，让法官对案情更加了解，如抖音带货运营规则等，以便法官作出客观公正的裁判。

自主创业，建议多问问律师。在接受专业人员提供的服务的时候，需要对服务人员的背景和能力进行调查、考察和测试。具体签订此类合同的时候，对合同内容的条款更要注意，明确双方的权利义务，以防在投入资金等成本后出现进退两难的情况。

关于合同解除问题，本案未直接约定合同解除条件，而是约定了退费的条件。实际上，退费约定的条款不直接等于合同解除，并非直接行使合同约定的解除权。以合同目的不能实现为由主张解除合同，要注意把握对合同目的的判断标准。合同目的一般分为客观目的与主观目的，客观目的可通过社会公众的通常认知标准予以判断，主观目的为某些特定情况下当事人的动机和本意。“合同目的不能实现”是合同法定解除的标准之一，一般而言不包括主观目的，在判断合同目的是否实现时，应以客观目的是否实现作为判断标准。

对赌协议，创始股东的“融资之刃”

——某科技公司对赌协议纠纷案

◎陈玉光 *

对赌是一种商业行为，常见于合同中，是指双方就某个事项或结果进行一种约定，如果达成某种情况，就会发生某种约定结果，通常表现为融资方对目标公司未来一定期限内的业绩承诺或者上市承诺，如果没有达到这个标准，就会通过资金补偿和回购股份使投资方退出投资。补偿形式通常有现金补偿、股份补偿、股份回购等。市场大潮之下，资本与产业密不可分，很多企业家在创业之初，有创意、有产品、有干劲，但缺少资本，无法启动项目，而大大小小的私募基金手握重金，在市场中寻觅成长性好的项目，以期获取高额的回报，二者结合是一种必然，是生产要素的结合方式，既是实践的产物，也符合市场经济的发展需求。而生产要素在结合之时，资金方控制人为有效控制风险，于是提出“对赌”模式，这种模式对作为创始股东的企业家来说是把“双刃剑”，既可能成为企业家开疆拓土的利刃，也可能伤及自身。

* 广东普罗米修（龙岗）律师事务所副主任、合规委员会主任，深圳市劳动人事争议仲裁委员会仲裁员，深圳大学讲师；电子邮箱：plmxlaw@163.com。

一、“对赌”惹纠纷，公司陷困境

本案当事人（以下简称创始股东）所经营的公司（以下简称目标公司）是最早涉足网红带货领域的企业，当时“网红”还是一个新生事物，目标公司不过十来个员工，不足200平方米的办公面积，后引入风险资本投资，目标公司办公场地面积扩大到了2000平方米，员工过百人，办公环境干净明亮，人员熙攘而有序。其后的2年多时间里，笔者因业务原因曾多次亲临目标公司，但每去一次，看到的办公场地就缩小一些、人员也在减少。直到最后一次，住在一个仓库里的创始股东才向笔者袒露了心声，希望笔者可以向他提供法律帮助，代理他的案件。

原来，2016年风险投资人与目标公司及其创始股东签署了《投资协议》及《投资协议之补充协议》（以下简称对赌协议），风险投资人向目标公司投资1500万元，与目标公司和创始股东约定了业绩对赌和上市对赌条款。其中，业绩对赌条款的主要内容如下：目标公司和创始股东承诺，目标公司2016年、2017年的营业收入之和不低于2.5亿元，若目标公司2016年、2017年实际营业收入之和低于承诺营业收入的90%，风险投资人可要求目标公司和创始股东进行股权补偿或者现金补偿，目标公司和创始股东在收到风险投资人的书面通知当日起两个月内完成补偿工作。上市对赌条款的主要内容如下：若目标公司未能在风险投资人增资后48个月内实现合格上市或以不低于8亿元的价格被兼并收购，风险投资人有权向目标公司和创始股东回售所持目标公司全部股份，目标公司和创始股东应以现金形式收购。对赌协议对业绩对赌补偿和上市对赌股权回售的计算方式作出了明确的约定，基本让风险投资人立于进可攻退可守的不败之地。

对赌协议生效后，风险投资人利用对赌协议的约定及目标公司章程的规定，向目标公司派遣财务人员，实施对目标公司财务的控制，干涉目标公司和创始股东的经营，与创始股东产生了严重分歧，且对应支付的款项也以财务合规、审计为由拖延支付或不予支付，目标公司和创始股东举步维艰。经过 3 年时间，风险投资人以目标公司未完成业绩和上市对赌，违反对赌协议的约定为由，向对赌协议约定的管辖法院广州市某区人民法院起诉，要求创始股东按对赌协议约定回购股份，目标公司承担连带责任，回购金额约 2000 万元。

听完创始股东的陈述，笔者对此案颇感兴趣，便接受了委托。

二、律师出谋略，和解为目标

接受委托后，鉴于本案对赌协议条款设计得十分巧妙与复杂，且《公司法》及相关司法解释就“对赌”这一当时尚属新兴事物的股权融资方式并无明确规定，笔者通过研究法学理论界关于对赌协议的观点和意见，收集、汇总各地法院、仲裁机构的相关判例，梳理出当时理论界及司法实务中就类似案件的共识：目标公司创始股东承担对赌责任的约定有效，目标公司是否承担对赌责任，因存在是否侵害目标公司债权人利益、是否符合《公司法》规定的资本维持原则等问题，存在较大争议。笔者根据上述司法原则及对赌协议约定创始股东承担连带责任的内容，向委托人即目标公司及其创始股东说明，本次对赌协议诉讼对创始股东明显不利，存在较大的诉讼风险。经与当事人沟通，最终确定本案采用“以打促和”的诉讼策略，争取与风险投资人和解，以获得有利于委托人的结果。

三、争取和谈时间，提出管辖异议

根据前述“以打促和”的诉讼策略，笔者确定的第一步措施是延长诉讼进程，以时间换空间。以委托人的名义向受理法院提出管辖权异议。原因之一是可以为与风险投资人和解谈判争取更充分的时间；原因之二是本案立案案由为“与公司有关的纠纷”，实务中对该案由是否适用约定管辖有着不同意见，笔者根据事实和法律，在管辖权异议申请中提出以下理由。

（一）本案不适用《民事诉讼法》有关约定管辖的规定

虽本案对赌协议约定由协议签订地的法院管辖，但根据《民事诉讼法》第 34 条[1]的规定，只有合同纠纷或者其他财产权益产生的纠纷方可以由双方当事人约定管辖法院，且不能违反级别管辖和专属管辖的规定。所以适用约定管辖的前提是本案是合同纠纷或者其他财产权益产生的纠纷，但本案明显是与公司有关的纠纷，并非合同纠纷，若因为风险投资人的诉讼请求是基于合同即适用约定管辖，明显违反了《民事诉讼法》关于专属管辖规定的立法精神。在有关司法解释等文件对“其他财产权益产生的纠纷”未作出明确规定以前，不宜扩大适用该规定。毕竟绝大部分诉讼均与财产权益有关，如认定所有涉及财产给付的纠纷均可约定管辖，则《民事诉讼法》规定的管辖体系将失去意义。

[1] 本案适用的是2017年《民事诉讼法》，相关规定参见2023年《民事诉讼法》第35条。

（二）不能因为本案当事人之间的纠纷具有给付性质即裁定排除适用专属管辖

根据《公司法》和《民事诉讼法》的有关规定，具有给付性质的诉讼主要是指公司股东与股东之间的纠纷，如股权转让诉讼等，但对赌协议的目标公司为本案的被告之一，本案的判决势必会涉及目标公司的利益，如公司注册资本的减少等，亦影响其他股东和债权人利益，还可能引起后续的公司解散、破产等纠纷，所以认定本案的诉讼仅是具有给付性质的诉讼与实际不符。

退一步而言，即便本案属于“与公司有关的纠纷”中具有给付性质的诉讼，因“与公司有关的纠纷”不属于《民事诉讼法》规定的可以适用约定管辖的范围，根据“便于当事人诉讼和便于人民法院审理案件及执行裁判”的立法精神，本案的管辖也应适用《民事诉讼法》中“原告就被告”的一般管辖原则确定管辖法院，本案被告之一，即目标公司创始股东的住所地为深圳市福田区，目标公司的住所地为深圳前海合作区，故根据《民事诉讼法》第 21 条[1]的规定，本案也应移交深圳市福田区人民法院或深圳前海合作区人民法院管辖。

委托人提出的管辖异议被广州市某区人民法院裁定驳回，后委托人就该裁定提出上诉，上诉亦被广州市中级人民法院驳回。

虽该管辖权异议申请经广州市某区人民法院和广州市中级人民法院二审，最终未支持目标公司及创始投资人的管辖权异议主张，但在程序上给予了风险投资人一定的压力，也给当事人争取了较充分的沟通协商时间。

---

[1] 相关规定参见2023年《民事诉讼法》第22条。

四、答辩强法理，造势加力度

实体审理阶段，笔者经梳理、研究本案证据、相关法律规定、裁判实务和一般法理，向法院提出以下答辩意见：

（一）双方对赌协议中关于“对赌”条款的约定，在履行过程中实际已变更为普通的股权投资协议，理由如下：

1. 对赌协议的一般含义及其法律目的。

对赌协议，又称估值调整协议，是指投资方与融资方在达成股权性融资协议时，为解决交易双方对目标公司未来发展的不确定性、信息不对称以及代理成本而设计的，包含了股权回购、金钱补偿等对未来目标公司的估值进行调整的内容的协议。对赌协议的根本目的并非投资方要成为融资企业的股东或者实际控制及经营融资企业，而是将融资企业作为资本投资的对象，在融资企业获得成长后投资方获得丰厚的资本权益，随时可以通过股权变价分享融资企业的经营成果，获得远期投资收益。如果既允许投资方干预融资方的经营管理，又允许投资方通过对赌协议的约定在公司经营未达有关目标时收回投资，则明显违反《公司法》有关股东风险共担的原则规定。

2. 本案中风险投资人已实际上参与和控制了目标公司的经营管理。

2017 年 5 月 3 日，风险投资人及其实际控制人以目标公司存在财务问题为由，派遣工作人员李某担任目标公司的财务负责人。李某接管目标公司财务后，按照风险投资人及其实际控制人的意图，采取了一系列干扰和阻止目标公司正常经营的措施，主要有：（1）拒绝支付目标公司正常的业务往来款，包括供应商货款、网红店的合作款和利润、网店的推广款等，导致供应商上门闹事、合作网红发律师函催款等一系列事件，导致目标公司正常经营难以为继。（2）拒绝支付工资，强迫目标公司裁员和员工自行离职，导致目标公司正常经营陷入停滞。

风险投资人实际上通过控制财务控制了目标公司的经营管理，通过自己的行为更改对赌协议的约定，使之变更为一般的股权投资，故其无权再主张对赌协议中的权利。

（二）退一步而言，即便对赌协议继续有效，其约定的对赌条件也未成就。

1. 对赌协议约定的目标公司上市或被收购的期限尚未届满。

根据对赌协议的约定，“增资完成日”指工商行政管理部门重新签发公司的企业法人营业执照，确认公司根据本协议完成本次增资的日期。目标公司登记公开信息显示，风险投资人是在 2017 年 2 月 8 日的变更登记中正式成为目标公司股东之一的，其出资完成日应为 2017 年 2 月 8 日。故目标公司上市或被收购的最迟日期应为 2021 年 1 月 7 日，距离风险投资人的起诉日期 2019 年 1 月 15 日尚有近 2 年的时间。风险投资人以此为理由要求目标公司及其创始股东回购股份，没有事实依据。

2. 风险投资人主张目标公司未按约定提供年度审计报告，从而触发对赌协议约定的回售条件与事实不符。

（1）对赌协议约定，目标公司年度审计报告须经风险投资人和目标公司共同认可的具有证券从业资格的会计师事务所出具，方具有效力，但风险投资人从未与目标公司就指定合格的会计师事务所进行协商，或提议协商。

（2）在双方未能就适格会计师事务所的选定达成一致的情况下，风险投资人即认定是目标公司单方违约，与事实不符。

（3）从对赌协议的设定来看，如果风险投资人要促成回售条件，只需推托无法就适格会计师事务所与目标公司达成一致即可，对目标公司明显不公平，所以，关于适格会计师事务所的选择，应由风险投资人提出才更为适当。风险投资人向目标公司发送的《律师函》中也只是要求目标公司提交审计报告，而未提及选定适格会计师事务所的问题，属于有意规避。

综上，目标公司未能按时提交年度审计报告，并非目标公司违约导致，而是因为风险投资人意图恶意促成回售条件。故风险投资人以此为理由要求目标公司及其创始股东回购其持有的目标公司股份与事实不符。

为了取得谈判的有利条件，笔者建议由创始股东提起对风险投资人的实际控制人和其委派的财务人员（目标公司章程规定为高级管理人员）的侵害公司权利诉讼。因在目标公司经营过程中，风险投资人超越“对赌”情形中的纯财务投资人的角色，对目标公司的经营管理进行了一定的控制和干预，创始股东认为其有恶意触发对赌协议中回购条款的意图，并导致目标公司经营受到严重影响，严重侵犯了目标公司及股东利益。通过提起该诉讼，再度给风险投资人施加诉讼压力。

五、双方虽和解，后续又诉讼

通过应诉答辩和沟通，最终风险投资人和目标公司及创始股东达成一致意见并签署《和解协议》，以创始股东给予风险投资人数额较低的现金补偿，并将创始股东所持有的其控股的其他公司的 12% 股权转让给风险投资人为条件，终结了对赌协议的效力。风险投资人在本案判决前撤诉。

《和解协议》签订后，因疫情的影响，目标公司创始股东资金紧张，未能及时履行《和解协议》中的现金给付内容，风险投资人再次以原对赌协议为请求权基础，提起与第一次诉讼一样的诉求，笔者受目标公司及创始股东委托，再次应诉，并提出以下答辩意见：

（一）风险投资人无权再以对赌协议向目标公司及其创始股东主张权利。《和解协议》约定，对赌协议中的权利义务已为《和解协议》所取代。其后目标公司各股东签订的《股权转让协议》也约定，目标公司的股权变更登记完成后，风险投资人即不再享有对赌协议约定的权利。风险投资人已收取目标公司创始股东支付的目标公司股权转让款，且目标公司股权变更登记已完成，故风险投资人继续以对赌协议向目标公司和创始股东主张权利缺乏事实依据。

（二）双方签署的《和解协议》在履行中且已履行大部分。目标公司和创始股东已履行了《和解协议》约定的大部分义务且仍在积极履行之中，仅剩余小部分款项因为疫情的原因未能支付。目标公司创始股东与风险投资人的实际控制人就延期履行也已协商一致，目标公司创始股东一直在积极筹款。在本案一审过程中，目标公司创始股东也数次与风险投资人及其代理人协商有关还款事宜，故目标公司创始股东不存在恶意违反《和解协议》的行为。且《和解协议》约定的股份已经转让，其价值也发生重大变化，再要求目标公司创始股东承担对赌协议的义务，明显没有事实依据，也不合理。

（三）双方应按《和解协议》继续履行。

法院审理后，依法采纳了我方的上述答辩意见，判决驳回了风险投资人要求目标公司和创始股东继续承担对赌协议义务的诉求。

六、律师手记

对赌协议纠纷作为新型的公司纠纷类型，涉及股东、目标公司、债权人各方利益的平衡，我国法律尚未有明确的规定，一些裁判规则散落于法院指导意见等非正式文件中，其司法裁判标准存在较大的不一致性，也比较依赖双方签署的有关协议。因投资人在此类案件中明显处于经济优势地位和法律专业性优势地位，公司创始人在引入风险投资时，要特别注意此中的风险，最好委托专业律师团队介入谈判。本案创始股东的第二个项目在引入投资时笔者全程参与，虽其第二个项目也未能做大做强，但未再出现类似本案的诉讼纠纷。

“十赌九输”，对赌协议也基本遵循着这样的通常社会法则。公司创始人为做大做强自己的项目，往往在吸引投资人时把 PPT 做得非常漂亮，作出一些实现难度较大的承诺，最终不得不承担相应的责任。为降低风险，公司创始人一定要实事求是，并选择较大的投资机构，此类机构对投资失败有较强的承受能力，也比较爱惜自己的羽毛，不会轻易与被投资方对簿公堂。

借贷纠缠不清，两诉还原真相
——陈某与范某民间借贷案

◎杜剑虹 *

民间借贷纠纷作为一种常见的合同纠纷，应遵循民事诉讼“谁主张，谁举证”的证据规则，其证据保留的重要性不容小视，若不注重证据的收集，可能会导致已经偿还的债务被债权人矢口否认、应拿回的钱款却苦无凭证的无奈境地。因此，在民间借贷行为中，要注意留存好每个过程的证据，才能切实维护好自己的合法权益。

一、好朋友借款变高利贷，强要高利息

2014 年 9 月下旬的某天，笔者的旧友朱某突然打电话给笔者，说有棘手的案子找笔者。

朱某带着一个中年男子找到了笔者，据朱某介绍，这是他的小姨夫陈某。陈某向笔者说明了大致情况：陈某开小商店，有资金上的需求，他的好朋友范某是做资金融通生意的，陈某与范某一直互有借贷，双方

* 广东普罗米修律师事务所合伙人律师；电子邮箱：du70000@163.com。

关系好，借贷一般都是按照银行贷款利率计息，不存在高利息的情形。双方之前的债务已经结清。2014 年 8 月，范某突然打电话给陈某，说 2013 年和 2014 年的借款要按月息 6% 计算利息，因为他的钱也是借别人的，别人也要收高利息，希望把欠的利息还上。因此双方发生纠纷。范某已经把陈某告上法庭。

二、原告没有借据，仅凭转账起诉

陈某把一大沓文件摆上桌面，是他刚刚收到的深圳市福田区人民法院发来的开庭应诉通知书及相关材料。证据材料显示：范某主张于 2012 年 6 月 6 日、6 月 25 日、9 月 24 日、10 月 26 日通过其妻范某某的银行账户，以转账方式向陈某出借 145,855 元，起诉要求陈某还本付息等。但证据中没有书面借据和借款合同。

陈某向笔者表示，陈某和范某系老乡及十几年的朋友，两人之间存在大量的经济往来，经常相互借款给对方，交易惯例是账目结清后撕毁借条。对方手中没有借条可以反向证明双方借款已经结清。

笔者当即仔细查看了有关起诉材料，然后一一询问陈某相关问题。经过研究分析和认真思考，笔者表示接受陈某的委托，代理他参加诉讼。陈某办理了委托手续。

三、抗辩互有借贷，一审部分胜诉

范某在起诉状中诉称，陈某因做生意资金周转困难，分别于 2012 年 6 月 6 日、6 月 25 日、9 月 24 日、10 月 26 日向范某借款 50,000 元、32,000 元、14,700 元、20,000 元、18,025 元、11,130 元，合计 145,855

元（款项是由范某的妻子通过银行转账方式代范某向陈某支付）。该借款本应及早返还，至今分文未还。故范某特具诉状，请求法院判令：（1）陈某返还范某借款145,855元。（2）范某承担本案诉讼费用。

开庭审理时，范某提供证据如下：

（1）通过其妻名下的平安银行深圳中心城支行的银行账户分别于2012年6月6日、6月25日、9月24日、10月26日向陈某转款50,000元、32,000元、14,700元、20,000元、18,025元、11,130元，合计145,855元的转款凭证，证明陈某向范某借款的事实。

（2）范某与陈某的短信内容，证明其向陈某催收借款的事实。

（3）《欠据》1张，证明陈某的姨丈朱某某欠范某5000元的事实。

（4）《结婚证》，证明范某与范某某是夫妻，借款是通过范某某的银行账户转给陈某的。

笔者答辩指出：陈某与范某系陆河老乡及多年的朋友，因为陈某开有商店、范某开有公司，平时双方之间有大量的经济往来，互相借贷是常有的事。根据汕尾地方尤其是陆河县民间借贷的交易惯例，借款经双方对账结清后会当场撕毁借条，本案没有借款的书面证据，仅凭范某的妻子范某某通过银行转账方式向陈某转款145,855元即视为借款，不合常理，因为陈某也有向范某出借款项的行为，另外，范某还有在陈某商店POS机刷卡套现的行为。陈某于2012年4月26日、4月27日、5月25日先后4次给范某打款114,200元，中间有1.75万元陈某是现金支付给范某的。范某于2012年6月25日、9月23日、10月25日在陈某商店的POS机分3次刷卡2.7万元、2.5万元、1.8万元。而范某2012年6月6日的3次打款共计9.67万元和6月25日、9月24日、10月26日的3次打款共计4.9155万元，合计145,855元，实际是范某到陈某商店用POS机刷卡套现和范某向陈某的还款。而且范某起诉的借款除 2012 年 9 月 24 日的两笔未超过诉讼时效外，其余均已超过诉讼时效。

范某与陈某的短信有 12 条之多，但仔细看均是双方对一些事情的交涉，且内容广泛，足以证明双方关系复杂，彼此有大量的经济往来。虽然短信内容也涉及催款，但看不出是针对哪一笔款，所以短信内容对范某在本案中的诉讼请求没有支撑关系。

《欠据》虽然涉及陈某，但是其姨丈朱某某欠范某 5000 元与本案没有关系，是其他法律关系。

法庭听完答辩意见，认为案情有点复杂，开始组织对双方的证据进行举证质证。笔者对原告的证据发表了如下质证意见：针对范某提交的 2012 年 6 月 6 日、6 月 25 日、9 月 24 日、10 月 26 日范某通过其妻范某某经银行转账方式向陈某出借款项共计 145,855 元的证据，对真实性、关联性、合法性和证明目的均不予认可。理由是这些款项很多是范某向陈某的还款，根本不是借款。

范某对此发表了不同意见，主张只有陈某向他借款，他没有向陈某借过款。范某当庭提交了陈某的姨丈朱某某代陈某向其偿还其他债务 30 万元的《欠据》。同时提交了往来短信，其中 2014 年 6 月 19 日的短信内容中含陈某称明天可以叫姨丈代还 30 万元的内容。

陈某主张范某尚欠其 30 万元。提供了中国银行的对账单及某公司的登记信息作为证据，用以证明陈某为该公司的法定代表人。陈某同时称，2014 年 6 月 20 日朱某某给范某的 30 万元系其委托朱某某借款给范某，并称，转账的银行流水他比范某多。

法院认为，陈某关于其姨父朱某某于 2014 年 6 月 19 日向范某还款 30 万元，次日再借给范某 30 万元的陈述明显不合理。法庭还查明，陈某和范某之间并未签订书面借款合同，陈某也未曾向范某出具过借据或者收据。

陈某当庭提交了他于 2012 年 4 月 26 日至 2014 年 3 月 26 日，通过陈某的平安银行、浙商银行股份有限公司、陆河县农村商业银行账户与范某妻子的中国工商银行龙岗龙翔支行账户之间的大量往来流水明细，证明他与范某之间不仅有涉及本案起诉的银行往来流水，还有其他银行往来流水。如果要查清双方经济往来的事实，就必须把双方的银行往来流水都打出来，比对时间节点，并且要查看其他证据，才能做出正确的判断。

一审法官认为本案不是简单的民间借贷案件，当场宣布休庭。

一审法院经审理查明，2012 年 6 月 6 日、6 月 25 日、9 月 24 日、10 月 26 日范某通过其妻范某某以银行转账方式向陈某出借 145,855 元。陈某称其中 6 月 25 日、9 月 24 日、10 月 26 日三次打款 4.9155 万元系范某到陈某商店的 POS 机刷卡套现，并提交了相应的银行流水凭证等证据。因上述刷卡消费均发生在范某的妻子范某某转账给陈某的当日或前一日，范某虽辩解称上述 POS 消费系自己在陈某处购物，但未提交相关的购物凭证。所以法院对陈某的抗辩予以采信。

一审法院认为，只有范某 2012 年 6 月 6 日三次打款 9.67 万元给陈某，并提供了短信证明范某一直向陈某追索债务的证据充分，理应采信。最终，一审法院判决陈某支付范某 9.67 万元本金及利息。驳回陈某的其他诉讼请求。

陈某的抗辩取得了部分胜诉。

四、上诉反攻，终审全胜

一审判决后，陈某不服判决，提起上诉，请求裁定撤销原判决，发回原审法院重审或者依法改判。

陈某的上诉理由如下：

第一，一审法院支持范某 2012 年 6 月 6 日三次打款 9.67 万元的借款，已过诉讼时效，范某已丧失诉讼权。

本案没有借据只有银行流水，诉讼时效只能从汇款之日起算 2 年，范某 2012 年 6 月 6 日三次打款 9.67 万元，有效的诉讼时效应在 2014 年 6 月 6 日前，但他在 2014 年 9 月 2 日起诉立案，所以已过诉讼时效，范某已丧失诉讼权。

一审法院认定的“范某提供的证据证明一直在向陈某追索债务，所以陈某有关诉讼时效的抗辩，本院不予支持”是错误的，首先，短信的证明力极低，只能作为辅证，在没有其他证据佐证的情况下，仅以短信不能作为中断诉讼时效的依据。其次，范某提供的 12 条短信中有 7 条的内容是在追索 30 万元债务，与本案范某起诉的 145,855 元不是一回事；其余 5 条的内容显示为陈某向范某转款 3000 元的事；没有短信内容是追索 145,855 元债务的。一审法院把追索 30 万元债务的短信视为追索 145,855 元债务的短信，是错误的。

第二，本案一审庭审违反诉讼规则和证据规则。

范某在整个庭审过程中根据案情的需要不断地提交证据和相关要求，违反了诉讼规则和证据规则。最终导致双方举证、质证混乱，一审未能查清案情。

第三，30 万元借款与本案无关。

首先，陈某曾收到范某各种款项累计 30 万元的借款，于 2012 年 2 月 26 日写了借据。事后款项已归还，双方已了结。陈某有中国银行深圳分行的对账单证明其一次性付款 30 万元给范某为法定代表人的深圳市余庆峰贸易有限公司。足以证明陈某已偿还范某 30 万元借款，双方的债务已经了结，与本案无关。

其次，陈某提供的工商银行流水证明其于 2012 年 4 月 26 日、4 月 27 日、5 月 25 日先后 4 次借款给范某，直接汇款到范某的妻子范某某的账户共计 114,200 元，足以证明陈某借款给范某。一审法院用未经当事人认可的朱某的欠条，和曾经催索 30 万元短信的证据用逻辑推理来证明只有陈某向范某借款，否认陈某曾向范某借款 114,200 元的事实，是错误的。

第四,一审法院在双方证据的认定上有失公允。

一审法院只采纳了范某 2012 年 6 月 6 日 3 次打款 9.67 万元的事实，而未采纳陈某 2012 年 4 月 26 日、4 月 27 日、5 月 25 日先后 4 次共计汇款 114,200 元的事实。在对双方证据的认定上有失公允，违背公平正义的原则。

第五，本案严重超审限。

本案是一起简单的民间借贷纠纷，适用的是简易程序，本案从立案到判决居然长达一年多，严重超审限。

二审范某答辩内容如下：（1）我方认为一审认定的事实清楚，证据充分，程序合法，应予维持。针对陈某所称的短信的内容，其实在一审的时候我方提交的相关证据已经说得很清楚。陈某说他借给我 114,200 元，这其实是陈某归还我的欠款，而非我向陈某借款，陈某上了个人征信系统黑名单，他个人无法在银行借贷，我念在十几年朋友交情的情况下借款给他周转，基于信任没有写借条，不能因为没有借条就否认他向我借款的事实，民间有大量因为基于信任没有写借条而被判决偿还借款的判例就是明证。（2）我方从未向陈某借过钱，关于我是否做借贷生意，陈某未提供相关的证据，我方不予认可。

深圳市中级人民法院主持了双方的二审法庭调查。

二审法院认为，本案为民间借贷纠纷，二审期间争议的焦点为被上诉人范某的妻子范某某于2012年6月6日转账给上诉人陈某的50,000元、32,000元、14,700元三笔款项是否为借款。

范某主张该三笔款项为借款，仅提交了银行转账凭证，并无借款合同、借据等证据证明双方之间存在借款的合意。陈某亦否认该三笔款项系借款，且提交了2012年4~5月陈某转账给范某的妻子范某某114,200元的银行流水以证明该三笔款项为还款。双方当事人之间存在另一笔30万元的借款，范某提交的短信记录从时间和内容上看均与该30万元借款相关，而与本案涉及的款项不存在关联性，故该短信记录亦不能作为范某向陈某出借了本案款项的佐证。二审法院认为，在双方互有多笔钱款往来，而主张债权的一方仅能提供转账凭证，未能提交其他证据证明双方存在借贷合意的情况下，不应当仅以转账记录认定款项为借款。另外，根据民间借款的日常交易惯例，借款数额多为整数，而范某在同一天分三笔支付的款项有零有整，其亦未能对如此不合常理的支付借款方式做出合理说明。故范某主张该三笔款项为借款，缺乏充分的证据予以证明，且与常理不符，二审法院不予采信。关于程序问题，原审确实存在超期审理的情况，但鉴于本案事实已经查清，从减轻当事人诉累，节省司法资源的角度出发，本案二审直接作出判决为宜，无须发回重审。

二审法院作出判决：撤销一审民事判决；驳回范某的全部诉讼请求。本判决为终审判决。

五、律师手记

作为民间借贷被告方的律师，在原告有借款流水而没有借据的情况下，律师应要求被告将原告与被告之间的真实关系如实告知。如果双方互有借贷，要比对双方的银行流水的金额和时间。如果对方是放高利贷的，或有其他目的，在证据方面或庭审时总会暴露出来。一定要抓住对方的软肋，不要按照对方的程序和步骤走，要打断对方思路，使对方的陈述和答辩互相矛盾，从而从整体上推翻对方的诉讼目的。如果一审由于主客观情况无法全胜，部分胜诉也可以，争取在二审时全胜。

合作房企“爆雷”，解除合同自救

——问题房企股权转让协议纠纷案

◎蔡爱燕*

房地产行业曾经是我国经济发展的领军行业，体量大、链条长、辐射面积广，有效地带动了上下游众多关联行业的发展，是国计民生的重要支柱，房地产经济也是国民经济的重要组成部分，是社会稳定的重要基础。近年来，多个大型房企接连“爆雷”，对金融经济与人民生活造成严重影响。其中，受影响最直接的莫过于与“爆雷”方签订合同的合作方，此时如何“自救”便显得尤为关键。

一、合作陷入危机，委托人寻求法律帮助

2019 年 12 月 9 日，合作方（本案委托人，下同）为甲方，问题房企为乙方，就城市更新项目合作开发权益事项达成了《股权转让协议》，以股权合作的形式将某城市更新项目转由问题房企投资开发，约定合作方分阶段将持有的项目公司 100% 股权转让给问题房企，问题房企分期向合作方支付包干费（暂定为 93,500 万元）。根据协议第 4 条第

* 广东普罗米修（龙岗）律师事务所专职律师；电子邮箱：504579502@qq.com。

2 款第 1 项的约定，合作方完成本协议第 3 条第 1~5 款、第 15 款的义务后的 10 个工作日内，问题房企应向合作方支付第一期包干费 5000 万元。合作方于 2019 年 12 月 26 日完成协议约定的全部义务（包括将持有的项目公司 70% 的股权变更登记在问题房企名下，项目和项目公司印鉴章、项目资料移交等），问题房企应当于 2020 年 1 月 29 日前支付款项 5000 万元。但问题房企仅向合作方支付了 2000 万元，剩余 3000 万元在合作方多次催促下问题房企始终未能履行付款义务。

2020 年 4 月 28 日，双方就第一期包干费 5000 万元支付事宜达成《补充协议》，约定原协议约定的第一期包干费 5000 万元调整为 5100 万元，扣减已经支付款项后剩余 3100 万元，问题房企应于签订《补充协议》后 15 个工作日内支付 2000 万元，以出具一年期的商业承兑汇票方式支付剩余的 1100 万元，并且约定问题房企向合作方支付完毕所有的款项之日视为问题房企完成付款义务。

2020 年 5 月 28 日，问题房企出具一年期金额为 1100 万元的商业承兑汇票，2021 年 5 月 28 日商业承兑汇票到期后并未能实际兑付。2021 年 6 月，合作方向问题房企发送催告函，要求问题房企尽快履行 1100 万元付款或兑付义务，但问题房企截至合作方委托笔者代理该案件之日仍未能履行付款义务。

《股权转让协议》第 7 条第 2 款约定，问题房企逾期付款达到 180 天的，合作方有权解除协议，问题房企向合作方支付违约金，并将股份无条件过户至合作方名下并承担给合作方造成的全部损失的赔偿责任。第 3 款约定，因一方原因致使本协议目的无法实现的，应当恢复原状并承担由此产生的损失，并承担违约金 5000 万元。

2021 年 9 月以来，问题房企资金流动性持续恶化，深陷资金泥沼，合作方涉及问题房企开发的城市更新项目全部停摆，包括合作协议约定的股权转让款、按照约定应当给付村股份公司的保证金和给付村民的过渡费等全部逾期未付且无法支付，在经过多轮磋商后，仍未达成落地的解决方案，导致整个项目停滞且面临合作方将丧失整个项目开发权益，几千万元的垫资投入“血本无归”的危险状态。

如何自救，成为合作方面临的棘手问题。在多次与问题房企协商，请求其主动退出无果后，为了保住项目开发权益，也为了维护村集体成员的合法权益，合作方拟向法院提起诉讼，请求问题房企退出项目合作。

因此合作方找到笔者，就如何让问题房企退出该城市更新项目，继而让合作方可以保持与村集体的合作开发权益，请求笔者给予帮助。

二、深入分析研判，代理人厘清起诉思路

接受委托后，笔者团队立即对该案件涉及的合同文件进行了梳理，研判目前问题房企的发展趋势，探讨委托人所提要求的可能性与可操作性。考虑到该项目涉及标的金额大、相对方为爆雷的重大房企、政府参与监管、关乎村集体权利等重大棘手问题，笔者团队全面梳理研讨后，从以下 4 个方面归纳了争议焦点：（1）合作方是否享有单方解除权；（2）解除后是否能达到合作方保留项目开发权益的目的；（3）合作方能否主张合作损失，能主张多少，如何最大限度降低问题房企对项目的不利影响；（4）在问题房企逾期支付股权转让款为由适用约定解除条款下，是否适用单方毁约条款约定的 5000 万元违约金约定。

经过深入研究，笔者团队形成了具体清晰的起诉意见，于是代理委托人向法院提起诉讼，请求法院判决确认双方的股权转让协议已经解除，判令问题房企向委托人支付违约金 5000 万元。笔者团队根据案件

代理的情况以及庭审争议等发表整体的代理意见要点如下：

（一）涉案股权转让协议、补充协议均系原告、被告的真实意思表示，且未违反法律、行政法规的强制性规定，应为合法有效，原告已经按照合同约定履行了相关的义务，被告未按照协议约定支付包干费（包括股权转让款）已构成了根本违约，原告享有股权转让协议解除权。

2020年5月28日被告出具一年期的金额为1100万元商业承兑汇票，2021年5月28日商业承兑汇票到期后未能实际兑付。2021年6月原告向被告发函催告，要求被告尽快履行1100万元的付款或兑付义务，但被告截至协议解除之日仍未能履行付款义务。根据《股权转让协议》第7条第2款被告逾期付款达到180天的，原告有权解除协议，被告向原告支付违约金，并将股份无条件过户至原告名下并承担给原告造成的全部损失的约定，及第3款因一方原因致使本协议目的无法实现的，应当恢复原状并承担由此产生的损失，并承担违约金5000万元的约定，被告逾期付款且拒不履行付款义务，同时触发了约定解除、单方违约条款，原告有权解除股权转让协议。

被告丧失了继续履行支付股权转让协议约定的93,500万元股权转让款的能力。被告实际是涉案项目合作方和投资方，但自2021年9月以来，被告的资金流动性持续恶化，深陷资金泥沼，经济问题频现，涉诉案件达几千宗，债台高筑。政府已经对其资金进行部分监管，暂停其涉及的开发项目。这一情况虽没有文件证明，但确系不争的事实。被告根本无继续履行涉案合同的能力，也不具备继续履行的基础。

（二）涉案股权协议、补充协议已经于2022年1月19日解除，双方权利义务终止。

2022年1月18日，原告通过邮寄、现场送达的形式向被告送达了

《解除协议通知书》。2022 年 1 月 19 日，被告收到原告发出的《解除协议通知书》。对此被告在庭审过程中已予以确认。《民法典》第 565 条规定，“当事人一方依法主张解除合同的，应当通知对方。合同自通知到达对方时解除”，故被告收到原告发出的《解除协议通知书》之日起即发生合同解除的法律效力。

（三）涉案协议解除后，终止履行，原告可请求恢复原状并要求被告采取其他补救措施，被告应当协助原告将登记在其名下的项目公司的 70% 股权回转登记至原告名下，并将项目公司、项目的印鉴章、文件等移交给原告。

根据《民法典》第 566 条的规定和《股权转让协议》第 7 条第 2 款、第 3 款的约定，合同解除后应当恢复原状，股权应当回转登记至原告名下，并采取其他的补救措施。基于《股权转让协议》的约定，之前原告已将项目公司股权的 70% 登记至被告名下，并将公司经营管理控制权移交至被告处，由被告控制运营管理。涉案的协议解除后被告应当将其持有的项目公司 70% 的股权回转登记至原告名下，并将原移交的项目公司营业执照、组织机构数字证书、公章、财务章、发票章、电子公章、会计财务资料（会计凭证、账簿、财务报表、银行支付密码器、银行 Ukey）、项目物业租赁通知原件、供电合同原件、某某中学坐标图原件、公证书原件等移交给原告。

（四）被告的行为实际造成了原告的损失、预期利益损失，且该损失原告、被告双方已在涉案协议中以违约金的形式予以明确，协议约定的违约金的数额是双方对于一方违约可预期损失的承担范围。

原告为履行涉案协议约定的义务，自 2016 年起开始投入包括但不限于日常公司运营成本支出（租金、人员成本等），因项目以项目公司名义委托第三方进行测绘、评估、拆除、研究等支付的款项 1000 多万元（该费用为双方所确认应当由项目公司承担的费用），以及为推进项目进展、履行合同义务，委托第三方咨询、测绘、评估、拆除、研究和日常公司运营由原告实际支出的3000多万元。前述款项是原告履行协议支出的款项。且因被告的不良履约必然将导致村股份公司与项目公司解除合作开发协议（庭审中经法院函询村股份公司，村股份公司也明确回复经村集体决议，项目公司已经强制退出合作开发的项目），故即使后续股权回转登记至原告名下，原告也不可能继续通过项目公司获取或享有涉案项目的合作开发权益，原告拟通过转让项目公司股权形式推动涉案项目并获取利益的根本目的无法实现，预期利益损失将高达10亿元，该损失远远超过了合同约定的违约金数额。

被告违约的情形同时符合了《股权转让协议》第7条第2款“乙方违约”、第3款“单方毁约”和《民法典》第563条规定的“法定解除”的情形。《股权转让协议》第7条第3款“单方毁约”是对合同未明确约定其他毁约情形的兜底条款，并非并列排他选择性条款。第7条第3款中约定“单方毁约情形违约方需承担给守约方造成的全部损失，并向守约方支付5000万元违约金，但依法律规定或本协议约定享有的单方解除权的除外”。被告抗辩称原告系基于合同约定解除的条款解除涉案协议，故应适用第7条第2款的约定，且第7条第3款双方约定了除外情形，故无须承担违约金。但第7条第3款中除外条款的约定明显是违背正常的法律逻辑的。关于解除权，要么是约定的解除权，要么是法定解除权，而该条款除外覆盖了全部解除权情形，故如适用该条款的话，则被告无论存在何种情形，都可规避违约金对其的约束，或在单方毁约的故意下以逾期付款或拒不履行协议义务的方式来逼迫原告行使解除权，规避承担违约责任，这将导致被告故意违约却无违约成本，明显违背了正常的法律逻辑，其所谓的除外条款是不具有适用性的。

退一步讲，根据《股权转让协议》第7条第2款的约定，因被告逾期付款而原告享有解除权的情形下，被告也须向原告支付违约金，并承担由此给原告造成的全部损失。虽该条款中并未明确约定违约金金额，但可综合并参考第3款对于单方毁约情形违约惩罚的数额，该数额是双方在签署合同时对自己违约行为需承担范围的确认，是双方可控的、可预见的。

（五）原告拟通过股权转让协议获得收益的合同目的已经无法实现，项目公司也将丧失涉案项目的合作开发权益。

原告于2016年以项目公司名义与村股份公司就涉案项目达成合作意向，通过长期的维护和运营，项目公司实际获得涉案项目合作开发权和后期开发收益权。原告拟通过转让股权的形式由被告运营投资该项目以获取转让费用93,500万元，但因被告违约加之被告自2021年9月起因债务爆雷，产生大量的诉讼案件，其已根本不具有继续付款和履约的能力，更无继续履行与村股份公司签署的合作意向书的基础和条件，从项目公司与村股份合作公司签订的合作意向协议、合作意向补充协议的内容来看，现除被告未能按期向村股份公司支付几百万元的工作协助费、意向合作保证金外，因问题房企品牌参与导致项目暂停的不良影响在合作意向协议书约定期限内（2022年12月前）也是无法消除的，正常继续以项目公司推进项目的申报立项，取得项目城市更新单元批复文件更是遥遥无期。

村股份公司也不可能放任损失的扩大或给股民（村民）造成权益的损害，故项目公司将丧失该项目合作开发权，也就是说，原告也不可能基于该项目继续获利或弥补损失。

三、详细论理说法，我方诉求获法院支持

关于合作方是否有权解除涉案《股权转让协议》《补充协议》及涉案协议解除后问题房企违约责任的认定问题，一审法院经审理后采纳了笔者的代理意见。

对于合作方是否有权解除涉案《股权转让协议》《补充协议》的问题，法院认为，合作方以问题房企违反《股权转让协议》第 7 条第 2 款“乙方违约”的约定为由，主张其依法享有合同约定解除权。该条明确约定，如问题房企逾期付款达到 180 日以上，合作方有权解除《股权转让协议》并要求问题房企支付违约金及赔偿损失。根据已查明的事实，在问题房企逾期支付第一期包干的情况下双方经协商达成《补充协议》，约定将第一期包干费由 5000 万元变更为 5100 万元，剩余未付的 3100 万元包干费中的 1100 万元由问题房企以开具商业承兑汇票的方式支付，但商业承兑汇票到期后，问题房企并未实际兑付。合作方发出的《解除协议通知书》于 2022 年 1 月 19 日到达问题房企时，问题房企逾期付款的天数已超过 180 日，法院认定合作方享有单方合同解除权，《股权转让协议》《补充协议》于 2022 年 1 月 19 日解除。

对于涉案协议解除后问题房企违约责任的认定问题，法院认为，《股权转让协议》第 7 条“违约责任”分别列举了“甲方违约”“乙方违约”“单方毁约”三种情形，其中“单方毁约”是双方针对“因一方原因致使本协议目的无法实现”时违约责任的特别约定，“甲方违约”“乙方违约”“单方毁约”之间并非相互排斥的关系。具体到本案，合作方与问题房企签订《股权转让协议》的目的在于通过转让项目公司 100% 股权实现城市更新计划并获取项目合作开发收益。合作方在《股权转让

协议》签订后已将所持有的项目公司 70% 的股权变更登记至问题房企名下，并将项目公司公章证照及文件资料移交给问题房企。因问题房企逾期支付第一期包干费 1100 万元的违约行为，合作方于 2022 年 1 月 19 日向问题房企提出解除合同，但问题房企并未按照解除通知书的要求回转股权登记及返还项目公司的公章证照及文件资料。在问题房企仍实际控制项目公司期间，因项目公司未履行与村股份合作公司之间的合作协议，致使村股份有限公司向项目公司发出解约通知，合作方签订《股权转让协议》的合同目的已无法实现。因此，法院认定问题房企的违约行为同时符合“乙方违约”和“单方毁约”的情形。

关于问题房企应向合作方支付的违约金数额认定问题，法院认为，本案合作方依据前述《股权转让协议》第 7 条第 3 款“单方毁约”的约定诉请问题房企支付违约金和经济损失共计 5000 万元。首先，现行法律赋予当事人协商约定违约金条款的权利，允许当事人约定一方当事人违约时应当根据违约情况向对方支付一定数额的违约金，或约定因违约产生的损害赔偿额的计算方法，体现了意思自治的法律原则。同时，为防止以意思自治为由而放任当事人约定过分高或过分低的违约金，法律也赋予当事人请求调整违约金的权利。《股权转让协议》第 7 条第 3 款约定符合“单方毁约”情形时违约金的数额为 5000 万元系双方针对“因一方原因致使本协议目的无法实现”时损失赔偿额的预估，其目的在于解决一方当事人主张损失赔偿时的举证困难。合作方诉请问题房企支付违约金和经济损失共计 5000 万元，该主张数额并未超过问题房企订立合同时预见到或者应当预见到因违约可能造成的损失。其次，司法实践中，认定违约金约定是否过高，一般应当以违约行为造成的损失为基础进行判断，这里的损失包括合同履行后可以获得的利益，同时兼顾合同的履行情况、当事人的过错程度以及预期利益等综合因素，根据公平原则和诚实信用原则等因素综合确定。具体到本案中，项目公司主要从事城市更新项目的报建开发等工作，涉案《股权转让协议》的交易标的高达 93,500 万元。本案合作方为证明其实际损失，提交了为履行涉案合同而与第三方签订的多份合同、付款回单、工人工资、差旅费、租赁费等项目支出的证据，虽然合作方提交的上述证据尚不足以证明其实际损失已达 5000 万元，但根据合同的履行情况，合作方在《股权转让协议》签订后已依约履行其合同义务，而问题房企在受让项目公司 70% 的股权并实际控制经营管理项目公司的情况下，未依约向村股份合作公司支付保证金，致使项目公司已失去城市更新项目的合作开发权益，合作方已无法获得合同履行后的预期收益。因此，在判断违约金数额是否过高时不仅要考量合作方关于实际损失的举证情况，还应考虑问题房企在本案中系根本违约方以及守约方合作方预期利益的受损情况等具体因素。法院认为，应当采纳合作方的主张，认定问题房企应向合作方支付违约金 5000 万元。

一审法院作出判决，确认《股权转让协议》《补充协议》于 2022 年 1 月 19 日解除，问题房企应向合作方支付违约金 5000 万元。

问题房企不服一审判决，提起上诉。二审法院驳回上诉，维持原判。

四、律师手记

近几年因现金流的短缺，商业承兑汇票成为较为常用的支付方式。商业承兑汇票由企业签发，银行并不承担任何担保、付款责任，电子商业承兑汇票到期后能否兑现，完全取决于签发单位的资金额度和兑付意愿。签发单位资金不足，票据无法兑现；签发单位不愿意兑现，票据自然也无法兑现。近两年因大房企接连“爆雷”，开出大量商业承兑汇票未能实际兑付，如何维护自身权益是债权人必须直面的关键问题。而商业承兑汇票只是双方当事人享有票据权利的载体，虽受让人自受让商业承兑汇票时起就享有票据权利，但其并未实际收到款项，债权并未因债权人受让商业承兑汇票而消灭，债权人与债务人之间仍存在基础法律关系，债权人仍可依据基础法律关系主张权益或依据票据主张权益，债权人具有选择权。

重大房企债务危机的爆发，将使得其参与的合作项目（特别是城市更新项目）的开发受到大面积的波及，前述涉案项目也未能幸免，自2021即开始逾期支付村股份公司保证金以及村民过渡安置补偿费，如等待爆雷房企自动退出，必然将导致项目无限期的停滞。本案中，合作方积极采取措施让爆雷房企直接退出，第一时间发出解除通知并通过法院裁判使得问题房企退出项目合作，且村股份公司以项目公司的违约而通过村民股东大会决议重新选定合作开发主体，实现问题房企退出的同时亦不影响项目的正常推进，此举系通过市场与司法途径化解城市更新项目涉及问题房企风险，避免了合作方的损失进一步扩大或面临村股份公司主张重大违约的问题。

在与本案相似的涉及大型房企合作的城市更新项目中，合作前期（缔约时）双方非处于平等的地位，合同条款基本为“强势的格式条款”，提供合同方在合同中设定减轻其责任的约定较多且较为隐匿，如涉案合同中设定了“乙方违约”以及“单方违约”条款，且在“单方违约”中约定排除乙方违约情形，这种情况产生争议时容易造成甲方处于被动的地位，在乙方违约的情况下，甲方无法按照“单方违约”条款来主张对方承担违约责任。故对于类似的约定应当回归条款文义表达和当时各方的真实意思表示来进行解读和认定。

诈骗疑云，律师破局还清白

——L 某诈骗罪被宣告无罪案

◎黄军明 *

市场经济大潮中，经济纠纷和经济犯罪类刑事案件常常如影随形，让人难以辨别。有些人在遇到经济纠纷，无法解决时，为达到挽回损失的目的，便会病急乱投医，希望通过将纠纷立为刑事案件来解决问题。还有一些原本是经济纠纷的事件，却被莫名地扣上经济犯罪的帽子，让当事人意外遭遇牢狱之灾，这种情况对于无辜的企业家或个人的人身权利和自由将会产生巨大的冲击。因此，在刑事辩护领域，律师应该炼就一双火眼金睛，能够对经济纠纷和经济刑事犯罪进行甄别，通过抽丝剥茧，探寻案件真相。这需要律师不仅具备敏锐的洞察力和深厚的法律知识，还要具备胆识和魄力，才能为被告人提供有效的辩护。律师通过努力，不仅能保障当事人人的合法权益，维护社会的公平正义，还能为保护交易安全、促进市场经济健康发展贡献力量。

* 广东普罗米修律师事务所创始合伙人、执行主任，深圳大学法律硕士；电子邮箱：131713579167@163.com。

一、岁月静好忽陷囹圄，家属迷茫求救律师

2014 年 11 月底，笔者忽然接到一个电话，一个女子在电话中称，其丈夫 L 某因涉嫌诈骗罪被深圳市坪山新区公安分局刑事拘留，十天后被逮捕，现在已经被关押近半年。

一通电话约定时间后，该女子来到笔者办公室，向笔者讲述了事发经过：L 某与被害人梁某明本系邻居，平日两人及各自配偶之间素有往来，有时会在一起打牌、喝茶等。2014 年 5 月，被害人梁某明在与 L 某交往过程中得知 L 某平素以开矿为业，矿业生意有机会可以赚大钱，而 L 某正好在湖南省茶陵县有一个矿点想出售或者找人合作。两人经过数轮商谈后达成合作意向（因为两人均没有签署书面合同的习惯，关于合作开矿事宜两人自始至终没有形成书面合同）。2014 年 5~6 月，以矿山股权交易为目的，梁某明先后数次向 L 某的账户打入 85 万元。2014 年 6 月，L 某因处理其弟弟的事需要用钱，找梁某明的妻子郭某借入 48 万元。2014 年 7 月下旬，梁某明委派工人随同 L 某驾驶梁某明的本田奥德赛汽车前往矿点准备生产的相关工作。殊不知，L 某一时赌瘾上头，中途驾驶梁某明的奥德赛汽车前往澳门赌博，输钱后汽车被庄家扣押在珠海市某停车场。梁某明数次让 L 某归还汽车未果。合作开矿事宜节外生枝、一波三折，梁某明感觉出师不利、意头不好，对双方的合作萌生退意。L 某也同意梁某明退出的提议，但由于 L 某资金紧张，一时无法退还梁某明的投资，二人经过协商，由 L 某向梁某明出具欠条，确认 L 某欠梁某明 150 万元（投资款 85 万元加上借款 48 万元，合计本金 133 万元，另加资金占用期间的大概利息），并约定了还款期限及相关利率。2014 年 8 月，由于 L 某迟迟没有归还梁某明的奥德赛汽车，梁

某明火冒三丈，遂前往公安机关报警，说自己被L某诈骗。公安机关立案并将L某抓获归案。L某被羁押之后，L某的妻子聘请了一位律师作为辩护人前往看守所会见，但是从该律师目前反馈的情况来看，很不乐观，由于涉案金额特别巨大，L某可能面临10年以上的牢狱之灾。

L某的妻子在向笔者讲述案件情况时，满脸愁容，充满无奈。其称，L某做生意是一把好手，平时开矿赚钱不少，L某的妻子也知道L某有赌博的不良习惯，她劝说多次但收效甚微，希望这次能给L某一个深刻的教训，帮助其戒掉赌瘾。

笔者认真听取了L某妻子的陈述后，切身体会到她的焦急，对其进行了安慰，并对案件情况进行了初步分析：从L某妻子的陈述来看，L某与梁某明之间的纠纷事出有因，他们之间存在合作开矿的合意，可能属于经济纠纷，不一定属于刑事犯罪，目前经济纠纷与经济犯罪中的诈骗案件在外观和特征上均存在容易混淆的情况，所以本案情况未必如前面那位律师所说的那样悲观。

二、当事人心灰意冷，辩护人初定思路

在接受委托之后，笔者第一时间前往看守所会见了犯罪嫌疑人L某，听取了L某关于涉案情况的意见及申辩态度。L某陈述的事发经过与其妻子讲述的基本一致，至于是否构成犯罪，L某虽然对自己被羁押的现状感到不服气，但也对自己的行为在法律上是否构成犯罪，以及会得到什么样的判决心里没底，毕竟在看守所关押了一段时间以后，从同仓人员言谈中接收到了大量负面的信息，以至于L某一度希望律师传话给外面的亲人，让家人做好充分的心理准备。笔者把自己对本案可能仅是经济纠纷的初步意见向L某表达后，在L某内心似乎也没有产生一丝

涟漪。

从看守所会见出来之后，笔者前往龙岗区人民检察院（彼时坪山尚属新区，没有成立检察院，坪山新区公安分局的案件侦查终结后会交给龙岗区人民检察院审查起诉，由龙岗区人民法院审理）调取了本案的案卷，对案卷进行了充分的阅读和研究。阅读案卷之后，笔者更加坚定了自己的初步判断，本案属于经济纠纷，不属于诈骗犯罪。现将笔者向检察机关出具的《法律意见书》中陈述的理由摘录如下：

1. L某与梁某明之间形成了合同关系。虽然二人没有签署书面合同，但是关于合作开矿的合意已经达成且具有实施条件，并进入实施阶段，正是在达成合意的前提下梁某明进行了出资，后梁某明反悔而L某一时无法还款，引发双方纠纷。根据《合同法》的规定，言词合同也是合同。

2.《刑法》第266条规定的诈骗罪与《刑法》第224条规定的合同诈骗罪，属于普通条款与特别条款的关系，根据《刑法》“特别法优于普通法”的法律适用原则，以及《刑法》第266条“本法另有规定的，依照规定”的规定，对于本案所涉及的行为是否构成犯罪，不能适用《刑法》第266条，而应以《刑法》第224条为依据进行分析。两个罪名进行比较，适用合同诈骗罪的规定对于当事人具有显而易见的好处：一是入罪门槛高，合同诈骗罪对于诈骗行为的客观表现有严格的规定，具体表现为四个方面，而本案明显不符合这四个方面的特征；二是同等犯罪金额，合同诈骗罪的量刑轻于普通诈骗罪，广东省规定[1]普通诈骗罪金额达到50万元即为数额特别巨大，量刑在10年以上，而合同诈骗

[1] 此处的广东省规定是指广东省高级人民法院、广东省人民检察院《关于确定诈骗刑事案件数额标准的通知》(粤高法发〔2014〕12号)和广东省高级人民法院《关于办理破坏社会主义市场经济秩序犯罪案件座谈会纪要》(粤高法发〔2014〕301号)。

罪数额特别巨大的标准为 150 万元。

3. L 某的行为不符合合同诈骗罪的主观方面、客观表现构成要件。

……

三、对症下药指方向，照单全收退补侦

在充分阅读案件材料的基础上，笔者约见了承办的 Y 检察官。但是笔者提出的本案属于经济纠纷的观点没有得到 Y 检察官的认同。Y 检察官认为，作为国家公诉人，检控方有天然的倾向控诉的立场，打击犯罪、追究犯罪嫌疑人的责任是其第一立场。

笔者作为辩护律师，深知《刑事诉讼法》规定的刑事诉讼的基本任务包括保护人权与打击犯罪，一体两面、不可偏废。作为辩护律师，则应该穷尽所能，为当事人的利益去辩护和斗争。

几经考虑，笔者怀着试试运气的态度向检察院提交了取保候审申请书。不出所料，检察院作出了不予批准的回复。

考虑到本案涉案金额属于数额特别巨大，检察机关对待此案确实做到了特别重视和谨慎。虽然笔者坚定认为本案不属于刑事犯罪，系经济纠纷，但本案起诉至法院的概率极大，为了能够在审判阶段打一个漂亮的“攻防战”，必须充分利用审查起诉阶段检察机关退回补充侦查的机会，通过检察机关提出退查提纲，让侦查机关搜集对当事人有利的证据。在充分研读案卷后，结合《刑法》关于合同诈骗罪的规定，笔者向检察机关提交了以下补充调查线索：

（一）证人周某锦

1. 此前公安机关对该证人进行询问调查时程序违法，询问是在吃饭

的场合与吃饭同时进行的，只有民警一人对其进行询问，询问时本案的被害人也在场，明显违反《刑事诉讼法》第 122 条[1]之规定，该证据系违法证据，应予排除。

2. L 某与周某锦在承包矿段之初达成合意共同承包，在经营的过程中 L 某也支付过工人工资和购买机械设备。

3. 把矿段卖出去或者找他人合作，是周某锦与 L 某共同的目标，周某锦曾经要求 L 某寻找出资人合作者。

（二）证人黄某梅

证人黄某梅也为 L 某对梁某明的欠款提供了担保，证明 L 某没有非法占有的故意。原笔录中对该证人的调查不全面。

（三）证人龚某良

证人龚某良系 L 某与梁某明共同的朋友，对于 L 某与梁某明之间就合作开矿事宜达成协议及履行的全部过程都非常了解，其可证明 L 某没有非法占有的故意，不属于诈骗犯罪。

（四）L 某的手机使用情况

L 某的手机在 2014 年 8 月、9 月的使用情况，证明其并未隐藏和逃匿，不符合（合同）诈骗的客观要件。

（五）证人梁某旺

证人梁某旺系湘东钨矿 783 矿段的老板，其知道 L 某系与周某锦合

[1] 本案适用2012年《刑事诉讼法》，相关规定参见2018年《刑事诉讼法》第124条。

作，共同开矿的老板。

（六）证人王某华

证人王某华系湘东钨矿项目部负责人，其知道 L 某系与周某锦合作的关系。L 某与周某锦共同承包矿段，但以周某锦一个人的名义签订承包合同。

幸运的是，经过沟通，笔者向检察机关提交的补充侦查的调查线索得到了检察机关的重视。根据补充侦查案卷，检察机关在向侦查机关发回补充侦查的提纲中全面采纳了辩护人的建议线索内容。而公安机关在补充侦查中，也根据笔者提供的建议线索进行了相应调查，获得了大量有利于当事人的证据，为笔者在审判阶段的辩护提供了充足的“弹药”（素材），而有关补充侦查获得的证据材料，也在本案宣告无罪时作为事实依据进行了充分的展示，为本案最终获得好的结果奠定了坚实的基础。

四、应对有方化险情，理据结合辩无罪

2015 年 5 月底，本案由龙岗区人民检察院起诉至龙岗区人民法院。

现代刑事司法文明要求，对被告人进行定罪必须经过法庭审理，由审理法官（独任法官或者合议庭）作出裁判。我国也启动了以审判为中心的刑事诉讼制度改革，该项改革突出了审判阶段作为刑事诉讼流程中心环节的作用，而法庭审理是审判阶段的中心，是起决定性作用的环节。

本案审理过程中，公诉机关和辩护律师出现根本性分歧。公诉机关认为，L 某构成诈骗罪且数额特别巨大，向审判机关建议量刑 10~13

年。而律师的辩护方向非常明确：无罪，本案属于经济纠纷，应宣告被告人无罪。笔者也深知，以宣告被告人无罪为目的的辩护工作难度极大，成功率极低。但是，面对如此严重（10 年以上刑期）的后果，辩护人也只有迎难而上，哪怕只有一线希望，也要为了维护当事人的合法权益而努力争取。

无罪辩护的方向确定以后，接下来的问题是如何在法庭审理时争取法官对我方观点的认可。

笔者经过对本案的反复研究和思考，认为本案指控被告人虚构事实的关键证据系证人周某锦的证言。而周某锦的有关证言内容在案卷中并不稳定，前后不一，且与笔者所了解的实际情况不符。因此，本案必须把突破口放在周某锦身上，必须让周某锦亲自出庭作证，由其亲口向审理法官说明情况，接受法官的询问，才能更加有利于涉案事实的查明。而让周某锦出庭，有两个问题需要解决：

一是周某锦是否愿意出庭。因为辩护律师的辩护权属于私权，无法强制证人到庭，只有让当事人家属向周某锦做工作。好在周某锦看在其与 L 某系合作伙伴的情份上，经过当事人家属与其的一番沟通后，最终同意出庭。

二是法庭是否允许证人出庭。在刑事司法实践中，法庭同意证人出庭的概率极低，这既有历史背景，也有制度原因，但证人出庭作证作为一项制度已经写入《刑事诉讼法》，具有法律依据。于是，笔者与审理法官进行了反复的沟通，把周某锦的证言在本案中的关键作用，以及因其庭前证言反复，难以理解，有必要通过出庭亲自陈述，并由诉讼参与人进行质证的方式还原事实真相的理由进行了充分说明，终于取得法官的同意，让证人周某锦在开庭时出庭作证。

令人意想不到的是，本案开庭审理时，在证人出庭的过程中出现了一个意外，差点导致证人无法出庭，功亏一篑。幸亏笔者及时应对、处理得当，避免了意外的进一步影响，才保证了本案最好的结果。

开庭当日，笔者提前到达法庭，而证人周某锦在当事人家属的引领下也提前抵达法庭外等候（证人不能参加旁听，只能在法庭外等候法官在特定环节宣召其进入法庭，陈述其证言并接受控辩护双方的发问和法官的询问）。就在开庭前的一刻，被害人梁某明也带着几个旁听人员打算进入法庭（根据《刑事诉讼法》的规定，被害人系诉讼参与人，可以参加庭审），梁某明发现了坐在法庭外面的证人周某锦，似乎立刻意识到了什么，随即带领其手下过去与周某锦说话，要求其不得出庭，如果出庭也不能乱说。由于梁某明本来就是当地以放贷为业的人，其当时的气场立刻把周某锦震住了，周某锦面露怯色，左右为难，一脸尴尬。当时，笔者正在法庭内准备开庭，无意中注意到了这个情况，立即带领当事人的家属走过去，制止梁某明等人的行为。梁某明看到 L 某的家属过来了，无奈停止了对周某锦的恫吓。考虑到一旦开庭，辩护律师必须在法庭内，周某锦在法庭外有可能随时遇到其他意外情况，笔者立即向审理法官报告了此情形，并申请法庭安排法警保护周某锦，避免其受到干扰。在主审法官的安排下，法庭随即指派法警把证人周某锦带到有法警在场的候问区，周某锦被法警保护起来后，心态也随即稳定下来，为其之后向法庭陈述事实提供了良好的心理基础。

法庭审理过程中，双方详细出示了有关证据并进行了质证，证人周某锦也在法庭上澄清了有关事实，法庭调查详细地查明了涉案事实的事发经过。控辩双方进行了充分的辩论。

笔者在法庭上发表了被告人不构成所指控犯罪的辩护意见，摘录如下：

（一）本案的被告人、被害人及证人周某锦之间属于经济合同关系，被告人不构成诈骗罪，即使涉嫌犯罪其罪名也应该是合同诈骗

1. L 某对涉案标的矿段拥有股权。

有以下证据支持：

（1）被告人的供述和辩解、证人周某锦的陈述均表明被告有股权，只是股权比例尚未最后确定。

（2）证人张某寿、龚某良的证词，办案民警对黄某华、周某华的调查的情况说明均表明被告人 L 某对标的矿段拥有股权或某种形式的合作。

（3）被告人在其与被害人梁某明接触之前，就已经参与经营标的矿段，包括提供设备、资金和管理。证明该事实的有被告人的供述和辩解，证人周某锦、张某寿、龚某良的证词，办案民警对梁某旺、黄某华、周某华的调查的情况说明。

2. 被告人 L 某、证人周某锦、被害人梁某明达成了标的矿段交易的合同，该合同是可以履行的，并且已经进入实施状态。

根据被告人、被害人及证人周某锦的陈述，三人之间就标的矿段的交易进行了反复沟通，达成了口头协议。在达成一致的前提下，梁某明向 L 某付款，三人之间的交易合同已经处于履行状态（梁某明已经部分支付对价并派出工人前往矿段，周某锦已经着手遣散工人，准备撤场移交涉案矿段）。

综上，被害人与被告人、证人周某锦之间属于正常的、可以履行的经济合同关系，不属于刑事犯罪。退一万步讲，即使被告人涉嫌犯罪，根据《刑法》第 224 条的规定，所涉嫌的罪名也是合同诈骗罪。

（二）被告人在合同履行的过程中，没有非法占有的故意，不构成犯罪

1. 梁某明支付给 L 某的 85 万元，属于购买标的矿段的款项。

在达成了标的矿段交易的合同后，被害人支付了85万元给被告人，其中70万元为购买定金，另15万元为标的矿段遣散工人的费用。

2. 在被害人反悔的情形之下，被告人应被害人的要求出具了借据，并且提供了房产作为担保，足见被告人并没有将被害人支付的款项据为己有的故意。

2014年7月下旬至8月初，被害人自己违反诚信，又向被告人提出悔约，本来被告人是可以不退还定金的。但被告人出于大度，经过协商，同意向被害人退还款项，但暂时作为借款处理，在被害人起草好的借据上签字确认（并且应被害人的要求倒签时间）。该借据不仅确认了梁某明转给L某的交易款项属于借款，L某还承诺给予梁某明高额利息（实际款项为133万元，但确认本金加利息却达到150万元）、确定了还款的日期，还提供了房产作为担保（房产登记所有人也在借据上签名确认），这一切充分表明L某根本没有将该85万元占为己有的故意。

3. 被告人借用本田奥德赛汽车的行为不属于诈骗。

被告人借用汽车，系双方处于交易合作的背景之下，经梁某明许可的情况下开走的，否则被害人也不会在事隔两个月之后才报警。至于L某未能及时归还该车，确系事出有因而无法归还。后来，L某积极偿还其在澳门所欠的债务以赎回该车、及时指派其前妻黄某梅与梁某明联系还车，也表明L某没有将该车占为己有的故意和事实。

4. 被告人向被害人的妻子郭某琴借的48万元亦不属于诈骗。

该48万元系被告人向郭某琴借的，当时确属于事出有因，被告人并无编造虚假信息行骗。并且被告人出具借据时已经将该款项一并列入借款总额当中，被告人并无异议且愿意支付相应利息并提供担保。从整个过程看，被告人也根本没有非法占有郭某琴48万元的故意。

（三）被告人既没有诈骗行为，也没有使梁某明因被告的行为产生

错误认识而交付财产，不符合诈骗犯罪的特征

从案发过程看，被告人在促成矿段交易的过程中，并没有虚构事实，标的矿段自始至终，直到现在都是可以交易的。被害人支付款项完全是商业行为，是市场经济中的一个正常的交易行为。被告人的行为不符合诈骗罪的特征。被害人的悔约行为本身就违反了民事行为中的诚信原则，更不能借故主张被刑事诈骗。

（四）L某在客观上也没有诈骗梁某明的钱款及汽车的行为

1. L某与梁某明系邻居和朋友，事后也没有逃逸和失去联系，L某的手机一直处于通畅状态和在使用之中。

2. 被害人悔约之后，双方另行达成了将交易款项转成借款的合意并及时出具了借据，被告人没有占有被害人钱款不还的故意和行为。

3. 被害人在2014年6月、7月将钱款和车辆交给被告人，但却在2014年9月才主张被告人构成诈骗行为，明显与常理不符。

（五）本案明显属于经济纠纷，不应纳入经济犯罪刑事处理范围

L某与梁某明之间就标的矿段的交易事宜达成了合同，且该合同已进入了实施状态。只是由于梁某明悔约，而L某也同意解除合同，双方在解除合同之后，L某以欠条的形式确认了应退还梁某明支付的款项，前述行为完全符合正常的民事合同行为的特征。市场正常的交易行为应该由市场进行调节，公权力和司法机关本不应擅自介入，刑法和刑事诉讼行为应保持一定的谦抑性。因此本案从立案到起诉审查，完全是一个错案。

（六）关于本案的其他问题

1. 本案中，被害人陈述属于指控被告人构成犯罪的主要证据，但由于被害人的陈述不稳定，刻意隐瞒了双方交易的整个过程，构陷特征明显，对于该证据应予排除。对于其指控的犯罪事实，应不予采信。

2. 无论是诈骗罪，还是合同诈骗罪，其构成要件均是让被害人产生

财产损失，丧失对财物的占有权，但本案中，双方经过协商，另行达成了协议，以借据的形式确定了债权，且被害人还有高额利息收益，被害人的债权得予确立，并无任何损失。

（七）应对L某作出无罪判决

本案被告人的行为，从主观上看没有非法占有被害人财物的故意，从客观上看也没有诈骗的行为（被告人既没有对收到的款项不予认可，反而承诺了还款时间以及支付高额利息，也没有对被害人的车辆进行变卖），不符合犯罪构成的基本要件。法院应该坚持罪刑法定原则，正确适用法律，依法查明事实，判决本案被告人不构成犯罪。

五、查事实明察秋毫，判无罪彰显公正

2016年5月10日，龙岗区人民法院终于作出判决书，宣告被告人L某无罪。从判决书对案件的分析来看，法院全面、充分采纳了笔者的辩护观点。判决书内容摘录如下：

法院认为，公诉机关指控被告人L某向被害人梁某明假称在湖南省茶陵县有一矿山属虚构事实，证据不足。

理由如下：（1）本案的关键证人周某锦在侦查阶段做过3次笔录，其第1次证言称被告人在矿山无投资，第2、3次证言称被告人与其在相关矿山有合作关系，两人虽然未签订合作协议，但被告人确已以实物（矿山机器设备）和现金（转款给证人发放工人工资）入股矿山。本案开庭审理时周某锦作为证人出庭作证，亦坚称被告人有将矿山机器设备搬至涉案矿段，被告人有委托张某寿向其转款用于发放工人工资，称其同意被告人入股，被告人有股份，仅因矿山未大量投产而未签订合伙协

议；称被告人、被害人均有与其协商矿山合作事宜，三人在湖南省茶陵县有见面，被告人有告知其将矿山出售，其亦愿意合作，称侦查阶段第一次询问笔录内容不属实，推翻了之前的证言。（2）本案其他证人亦证实被告人、证人周某锦所陈述内容属实。证人张某寿（曾用名张某）证实被告人曾与龚某良合作开发 783 矿段。2014 年 8 月，被告人向其借款 63,000 元用于给周某锦发放工人工资；过了 10 天，被告人再次向其借款 63,000 元用于工人清场；两次借款其均受被告人委托直接汇款给周某锦。证人龚某良证实其听被告人称在 819、867 矿段有股份，被告人确有从与其合作的 783 矿段拉机器到 819、867 矿段使用。由深圳市公安局石井派出所出具的情况说明亦证实梁某旺、L 某在 783 矿段有股份，L 某把 783 矿段的部分机器设备运到 819、867 两个矿段使用。L 某应该与周某锦有合作，但是具体合作协议不清楚。（3）本案被害人梁某明的陈述有多处矛盾、与事实不符之处。如被害人称其被骗后无法联系被告人，但从公安机关调取的通话记录看，双方一直有联系，且联系频繁。被害人陈述的可信度较低，不排除其为尽快收回债务，夸大事实，以刑事追诉为手段追讨商事债务的可能性。（4）涉案的矿段属于可以交易的标的，证人周某锦在庭审中作证对于出卖矿段或找人合作是认可的，涉案的交易一直可以进行，不存在虚构交易机会事实。本案存在被害人梁某明在部分出资后反悔，导致交易无法继续进行，进而产生纠纷的可能。（5）本案侦查阶段为关键证人周某锦所做的第一次笔录程序违法。证人周某锦、被害人梁某明均当庭确认作证当日系被害人以与证人商谈卖矿事宜将周某锦叫到深圳坪山，先由被害人请周某锦吃饭，再将证人带至梁某明坪山办公室。在梁某明办公室的一个小桌子上，一位民警着便装给周某锦做了笔录；做笔录前期梁某明在场，之后离开。但笔录记载的地点为派出所竹坑警务室、民警两人。该份笔录因取证程序违法，属于非法证据，应予以排除。

综上，本案关键证人周某锦的证言发生重大变化，有利于定罪的证言因取证违法被排除，周某锦当庭供述更为可信。根据周某锦当庭证言可以认定被告人在涉案矿山有股份，系股东之一，不能因为双方未签订协议、未确定股份份额而否定其股东身份；被告人、被害人、周某锦确有协商矿段交易，但被害人反悔要求退还已支付款项而发生纠纷；但被告人基于口头协议已支付员工工资，遣散工人，周某锦亦遣散工人，其已进入合同履行状态。认定被告人虚构该事实的证据不足。

公诉机关指控被告人借用本田奥德赛汽车的行为属于诈骗，证据不足。理由如下：被告人借用该车系经过被害人同意，被告人未及时归还属实，但没有证据证明被告人将该车抵押给他人用于借款，被告人供述称该车被他人违法扣押，并非其抵押。考虑该车已退还被害人，没有其他证据证明被告人将该车抵押用于借款，认定被告人的该行为属诈骗证据不足。

公诉机关指控被告人向被害人妻子郭某琴借款的行为应认定为诈骗，本院不予采纳。理由如下：被告人妻子与被害人妻子郭某琴系朋友，被告人与郭某琴亦相熟，亦是朋友。被告人以弟弟出事急用钱为由向郭某琴借款48万元，并口头约定一个月偿还的事实清楚，郭某琴亦予以证实。被告人的弟弟L某华证实其2014年6月19日确因在韶关非法收购矿产品被刑拘，被告人确实出了一部分钱。据此可证实被告人向郭某琴借款并未虚构事实。该借款系朋友之间的正常借贷，有约定还款期限，不能因为借款未如期偿还就将该事实认定为诈骗。

公诉机关指控被告人非法占有被害人款项，证据未达到“确实充分”的程度。理由如下：（1）被告人确有供述将部分款项用于赌博，但庭审中其称用于赌博的款项仅是其中一部分。没有证据证明被告人将获得的款项全部或大部分用于赌博。（2）2014年8月初，被害人提出不再合作，要求被告人退款，被告人同意退款，并向被害人出具了借据，写明借款150万元（实际借款金额为48万元+85万元=133万元，其余为利息），借款期限为180天，从2014年6月25日起至2014年12月25日止，借款利息为每月3万元，用龙岗区龙城国际一期×栋×××房作为担保。本案的相关款项已经均转化为民间借贷。而该借款约定的还款期限为2014年12月25日，被害人向公安机关报案及被告人被抓获均在2014年9月，还款期限未到，没有证据证明被告人不能还款、不准备还款或已明确拒绝还款。（3）2014年9月5日，被害人向公安机关报警被诈骗150万元，报警时借款期限尚未届满，被告人则于2014年9月20日被抓获，并一直被关押。没有证据证明被告人在借款期限届满时无法归还借款，甚至可以认为因被告人被羁押，导致借款无法按时偿还。（4）龙岗区龙城国际一期×栋×××房为被告人前妻黄某梅所有，但被告人出具给被害人的借据，系由被害人打印好交给被告人签字，被告人虽然与黄某梅离婚，但两人一直居住在龙岗区龙城国际一期×栋×××房（有黄某梅证言为证），以龙岗区龙城国际一期×栋×××房为抵押也不能认定系被告人诈骗被害人，反而可以证明被告人有还款诚意及还款能力。

综上，公诉机关指控被告人L某虚构事实，诈骗被害人钱财的事实不清，证据不充分，本案属于经济纠纷，不宜纳入经济犯罪的处理范围，本案应宣告被告人L某无罪。被告人及其辩护人提出被告人无罪的辩护意见成立，本院予以采纳。经合议庭评议并报本院审判委员会讨论决定，依照《刑事诉讼法》第195条第3项[1]之规定，判决如下：

被告人L某无罪。

[1] 本案适用2012年《刑事诉讼法》，相关规定参见2018年《刑事诉讼法》第200条第3项。

一审判决宣判当天，L 某走出看守所，离开被关押了 600 多天的看守所，呼吸着新鲜空气，贪婪地望着蓝天白云，L 某第一时间给笔者打电话，分享了他重获自由的激动与快乐。

六、区检不服提抗诉，市检审查请撤回

面对龙岗区人民法院宣告 L 某无罪的一审判决，龙岗区人民检察院认为判决有错误，提出抗诉。深圳市中级人民法院依法立案，案件进入二审程序。二审审理过程中，深圳市人民检察院经过审查，认为龙岗区人民检察院抗诉不当，向深圳市中级人民法院申请撤回抗诉。深圳市中级人民法院准许撤回抗诉，作出刑事裁定书，龙岗区人民法院的判决自该裁定书送达之日起生效。

判决生效后，L 某依法提出申请国家赔偿，经过法定程序处理，L 某获得了国家赔偿，其合法权益得到了保障和伸张。

七、律师手记

本案件无罪辩护终获成功，实属难得。典型意义主要体现在以下几个方面：

第一，要敢于为权利而斗争。辩护律师要敢于迎难而上，俗话说，狭路相逢勇者胜，只要辩护律师认真细致地工作，发挥专业性，就能找到控诉方的弱点，打破其举证链条，有效维护当事人的合法权益。司法文明进步的点点滴滴，均离不开律师的努力和心血。

第二，证据调查要充分。一审法院在审理本案时认为公诉机关对被告人 L 某的指控事实不清、证据不充分，因此宣告 L 某无罪。一审作

出判决的诸多事实依据，大部分源于辩护律师向检察机关提交的调查线索，辩护律师积极主动提出针对性意见在案件代理中具有重要作用。

第三，辩护律师要正义且勇敢，面对突发情况不示弱，做出正确应对。本案庭审之时，突然出现了被害人对关键证人进行疑似恫吓的意外情况，如果处理不当，证人有可能不敢出庭而中途退出，将可能导致案件走向相反结果。辩护律师果断制止被害人的不当行为，并立即报告法庭采取适当措施，保证了证人证言的客观呈现，在本案中作用突出。

第四，经济领域的刑事辩护应该秉持刑法的谦抑性，依法保护合同自由和交易安全。本案中，法院认定梁某明与 L 某之间存在口头合同，即使是口头约定，也被法院认可为有效的合同。这体现了法律对于交易自由的保护，本案的判决对于促进商事主体交易，减少司法机关对于商事交易行为的不当干预具有重要的示范作用。审判机关一审即宣告被告人无罪，根据《国家赔偿法》的规定，公诉机关应承担国家赔偿责任，这对于促进公诉机关提升人权保障理念和意识，促进《刑法》的正确实施、促进刑罚目的的实现均具有典型意义。

转让林木被追责，据理力辩免刑罚

——钱某龙滥伐林木案

◎王　晖*　何再顺**

近年来，滥砍滥伐林木引发的刑事案件层出迭见，司法机关因此加大了对肆意破坏生态环境犯罪行为的打击力度。辩护律师在办理相关案件的过程中要注意甄别当事人的主观心态，严格围绕事实证据据理力争，切实维护当事人的合法权益。同时，笔者也希望国家能够加大对滥砍滥伐相关法律规范的宣传力度，尽量减少一般民众因不知法而犯法的现象。

一、滥伐林木被立案，事实未清误被押

2006 年，某村要修建某明村至某桥村的沿河水泥路，该村村委会找

* 广东普罗米修（景德镇）律师事务所副主任，江西省景德镇市律师协会民商法律专业委员会委员、江西省景德镇市人民政府行政复议委员会非常任委员、江西省景德镇仲裁委员会仲裁员、江西省景德镇市人民检察院听证员；电子邮箱：54664760@qq.com。

** 广东普罗米修律师事务所高级合伙人律师、广东普罗米修律师事务所全国总所执行主任、广东普罗米修（景德镇）律师事务所分所主任，江西省景德镇市人民政府法律顾问团成员、江西省景德镇市律师协会副会长、江西省景德镇仲裁委员会仲裁员；电子邮箱：hezaishun@126.com。

到某市某某林场出资修路，某市某某林场将某村某组的某潭山场 180 亩人工林松木划给某村。后该村将某潭山场 180 亩人工林松木以配套资金方式抵给了吕某某。

2007 年 5 月，某县林业局因吕某某的申请，根据山场林权流转资料为某潭山场 180 亩人工林松木办理了林权证。

2011 年 2 月 7 日，吕某某以 25 万元的价格将某潭山场转给吕某华承包经营。2012 年，吕某华以 46 万元的价格又将某潭山场转让给钱某龙承包经营。2016 年下半年，钱某龙以 40 万元的价格将某潭山场人工林松木卖给了胡某祥、左某双。2016 年 11 月下旬，某县林业局对某潭山场人工林松木进行了采伐设计。胡某祥、左某双组织、雇用人员进行了采伐。

2018 年 7 月 25 日，某县林业局以《2018 年森林督查存在问题反映函》将涉案林场非法砍伐线索相关资料报到某某林业公安，某某林业公安以滥伐林木罪于当年 8 月 16 日立案侦查。

但是，2018 年 12 月 26 日某镇林业工作站、某市某某林场双桥分场工作人员通过现场察看、图纸比对，以及对山场上林木（人工林松木）的确定，认为吕某某办理的林权证中的面积亩数应该是 176.8 亩。某市某某林场误将某某林场 19 亩的天然林山场划入吕某某的林权证中，误将应划入吕某某林权证面积的 13.8 亩人工林松木山场划入某组的林权证中。某县林业局对涉案林场的登记情况与当事人的申请材料存在差异。

2019 年 3 月 29 日，某某林业公安以“钱某龙在看不懂采伐设计范围、图纸，以及认为 13.8 亩的山是自己的且已纳入设计范围的情况下，到砍伐山场指定砍伐山界，从而造成超面积砍伐人工林松木 13.8 亩，即超限额砍伐林木 52.4139 立方米”为由传唤钱某龙，认定其涉嫌滥伐林木。后为其办理了取保候审手续。

2019 年 5 月 22 日，某某林业公安的办案人员又一次传唤钱某龙到某某林业公安，以钱某龙自称其擅自前往了南昌为由将其羁押，并没收了钱某龙的取保候审保证金。自此，某潭林场 13.8 亩人工松木林被砍伐一案，成了钱某龙的梦魇。

二、嫌疑人拒绝认罪，检察院三次退查

（一）案件移送审查起诉

2019 年 6 月 10 日，案件移送审查起诉。

在接受钱某龙委托并办理委托手续后，笔者调阅了案件材料。经审阅起诉意见书和案卷材料，笔者重点提出了以下三点辩护意见：

1. 某潭山场人工林木采伐并非由钱某龙负责

某潭山场采伐权和所有权已由钱某龙以 40 万元的价格转给了胡某祥、左某双。基于买卖常识可知，林木买卖协议达成后，具体如何采伐及雇谁采伐，都不是由钱某龙支配和控制的，事实亦是如此。

（1）钱某龙与胡某祥、左某双之间系买卖关系。和吕某某与吕某华、吕某华与钱某龙之间的买卖关系一样，钱某龙与胡某祥、左某双之间亦属于买卖关系，其内容都是某潭山场林木的整体转让。2018 年 8 月 22 日，证人金某华在其询问笔录中陈述：吕某某将某潭山场上的树卖给吕某华时就说了，是卖某潭山场上所有的松木；吕某华将某潭山场上的树卖给钱某龙，也是卖某潭山场上所有的松木；钱某龙将某潭山场上的树卖给胡某祥，也是卖某潭山场上所有的松木。金某华的陈述佐证了钱某龙与胡某祥、左某双之间的买卖关系及买卖标的内容。

（2）钱某龙与胡某祥、左某双之间的买卖价款不包含采伐费用。钱

某龙从吕某华处受让的价格为46万元，而转让给胡某祥、左某双的价格却为40万元，从转让价格也可以看出，钱某龙的转让价格已经低于其承接价格，如再由其承担林木砍伐的人工费等费用，显然不合常理。2018年8月21日胡某祥在第一次询问笔录中称：当时与钱某龙说好，怕砍过界，叫钱某龙负责砍伐。其陈述与事实不符，与常理不符，与其自己的陈述之间也存在冲突和矛盾。如砍伐由钱某龙负责，那么，砍伐树木的人员应由钱某龙雇请，砍伐工资应由钱某龙支付，而案卷笔录材料显示，砍伐民工是由胡某祥、左某双从浙江丽水雇请的，民工工资是由胡某祥、左某双支付的。

（3）某潭山场的实际采伐人不是钱某龙。一是胡某祥称林木是由其自己负责砍伐。胡某祥陈述：大约是2016年年底的样子，某村小组的钱某龙有一块山进行了设计，然后钱某龙通过金某华找到我，说是把某村小组的某潭山场上的松木、杉木卖给我，由我去砍伐。后来，我找到左某双。最后谈好的价钱是40万元，把某潭山场上的树卖给我们。二是砍树民工系由胡某祥、左某双雇请，工资亦由其负责支付。胡某祥还陈述：是左某双找的民工，民工好像是浙江丽水人。民工的砍伐工资是由我和左某双付的。左某双陈述：砍伐的民工由我和胡某祥找，砍伐工资由我们出。显而易见，某潭山场林木是由胡某祥、左某双负责砍伐，并且为了砍伐某潭山场上的松木、杉木，二人共同雇用民工砍伐，并承担砍伐民工工资。因此，胡某祥、左某双才是案涉林木的实际采伐人。

2. 钱某龙“指定砍伐山界”行为的法律性质

起诉意见书认定钱某龙涉嫌滥伐林木罪所依据的重要理由就是钱某龙指定了砍伐山界。但综合全案证据，钱某龙“指定砍伐山界”行为完全是在履行一个卖方最基本的告知义务，不具有支配甚至控制具体砍伐范围和砍伐行为的法律效力，更不能认定其“指定砍伐山界”就等于实施具体林木采伐。

（1）砍伐山界应根据采伐许可证确定。本案中，某潭山场办理了林木采伐设计及采伐许可证，并在砍伐之前交付给了胡某祥、左某双。钱某龙和左某双的陈述相互印证了这一事实。钱某龙陈述：采伐证办好后，就给了胡某祥，至于采伐的范围、图纸我也看不懂。左某双陈述：是钱某龙办好了采伐证后，把采伐证给我们，再砍树的。

（2）采伐许可证采伐范围具体明确，实际采伐人亦明确知晓采伐范围。笔录中，钱某龙与胡某祥、左某双的陈述完全一致。钱某龙陈述：我是按照跟吕某华卖给我山时指的山界一样的山界卖给了胡某祥和左某双。胡某祥陈述：采伐证是我去办的，写明了采伐范围。左某双陈述：砍伐第二天，我与钱某龙、胡某祥一起到砍伐山场，当时没说砍伐范围的事，还是按照事先说的松木全砍。

（3）钱某龙“指定砍伐山界”的行为不具有任何强制力。首先，钱某龙并非“指定”。钱某龙仅带领胡某祥、左某双告知山界大概范围，并没有也不可能、更没有必要“强制”实际砍伐人必须在其“指定”“山界”范围砍伐。其次，钱某龙没有“动机”。钱某龙是以固定价格将山场林木整体转让，钱某龙不能从超面积砍伐中获取任何利益。最后，钱某龙没有“控制力”。采伐人员的雇请和工资支付都不由钱某龙负责，其不可能约束、“指定”，甚至“强制”砍伐人员超面积砍伐。

3. 钱某龙主观上没有故意

（1）林业部门发放林权证确定山界有错误。起诉意见书称，2007年5月，吕某某办理了某潭山场人工林木林权证，面积为182亩（148亩+19亩+15亩）。直到2018年12月26日，某镇林业工作站、某市某某林场双桥分场工作人员通过现场察看、图纸比对，才发现吕某某办理的林权证的面积中包含了某某林场 19 亩天然林林场，但是却将应划入吕某某林权证面积的 13.8 亩人工林松木山场划入了某组林权证中，致使吕某某以及承接山场的其他当事人都一直误以为 13.8 亩的人工林松木已包含在吕某某的林权证中，该山场就是吕某某的山场。

本案中，超面积砍伐的 13.8 亩山场，与吕某某办理了林权证的山场连片且林种相同，亦同属于人工林松木山场，不仅吕某某等当事人当然地认为该 13.8 亩人工林松木已包含在林权证、采伐许可证中，林权证、采伐许可证的核发林业主管部门也同样误认为 13.8 亩的人工林松木已划入吕某某的林权证中。拥有专业力量、专业人员、专业技术的林业行政主管部门尚且“误认为”，却要求钱某龙对买卖林木范围必须“明知”，显然十分牵强，亦不合法理和情理。

（2）钱某龙没有额外获得超面积采伐的利益。钱某龙以 40 万元价格将某潭山场松木、杉木采伐权转给了胡某祥、左某双。该转让价格是固定不变的，既不因超面积砍伐获得超额林木而增加，也不因未达到设计采伐量而减少。换言之，具体采伐的结果如何，不对钱某龙的权益产生任何影响。钱某龙不具备“故意”“指定砍伐山界”让他人获益的原始动力和想法，亦没有具体明确的故意超面积采伐的故意行为。即使真如办案人员所称的存在“指定砍伐山界”行为，亦纯属“过失”，而非“故意”。

（3）钱某龙已尽了最大的审慎注意义务。钱某龙陈述：我们开始认为那 13.8 亩人工林松木山是我们的山，因为都是人工林松木，都是连在一起的。在设计砍伐某潭山场人工林松木时，我还问了县林业局设计队的“小李”和某镇林业工作站的李某芳，问人工林松是不是全部设计了，他俩告诉我都设计了。李某芳陈述：我们是按林权证上的范围进行人工林松木采伐的。林木采伐范围的主要依据就是林木采伐许可证，胡某祥等人持有林木采伐许可证。出现超出设计范围采伐的案件，不追究实际采伐人员，却让转让林木的钱某龙承担滥砍滥伐的刑事责任，是极其错误的。因此，笔者认为钱某龙不构成犯罪。

4. 本案没收钱某龙取保候审保证金错误

经查阅本案案卷，笔者认为，认定钱某龙违反取保候审有关规定，进而作出《没收保证金决定书》，是错误的。

（1）某某林业公安只依据钱某龙供述就作出了处罚。《刑事诉讼法》第 55 条规定，“对一切案件的判处都要重证据，重调查研究，不轻信口供。只有被告人供述，没有其他证据的，不能认定被告人有罪和处以刑罚”。本案中，某某林业公安认定钱某龙未经取保候审执行机关的同意前往南昌的证据只有钱某龙个人简单的供述，没有事实调查，没有其他证据证实。因此，没有事实证明钱某龙违反了取保候审有关规定，某某林业公安决定没收取保候审保证金是错误的。

（2）某某林业公安未依法定程序调查取证。钱某龙前往南昌是否属实，还需进一步补强相关证据，如什么时间前往的，什么时间返回的，是单独一个人去的，还是与其他人员一同前往的；看望的病人是谁，住哪家医院，患什么病；乘坐哪种交通工具，是火车还是汽车，是否查验了车票，车票与行程是否相符；如系开车前往，谁开车，谁的车，车牌号是多少，有无路桥费票据；等等。某某林业公安对没收取保候审保证金的行为未通过法定程序予以查证。

（3）认定钱某龙去南昌看病人错误。据钱某龙称，2019 年 5 月 21 日其并未前往南昌看望病人，且当天其已前往某某林业公安；2019 年 5 月 22 日，其在某某林业公安所做的询问笔录不是其真实意思表示。

故笔者提出对以下证据的补充侦查建议：一是采伐许可证；二是没收钱某龙取保候审保证金的证据；三是砍树民工的询问笔录和工资支

付事实；四是树木运输的情况，如运输车辆由谁雇请，运输费用由谁支付，哪些车辆参与了运输。

笔者认为，钱某龙没有参与砍伐的行为，更没有实施滥伐林木行为的主观故意。因此，要求公诉机关根据事实和法律，对钱某龙作出不起诉决定。

（二）案件第一次退回补充侦查

某检察院在笔者提出不起诉的辩护意见后，于 2019 年 7 月 3 日第一次将案件退回补充侦查。

2019 年 7 月 31 日，侦查机关补查重报，就某检察院的四个问题逐一回答：一是林木的申请采伐，是钱某龙到吕某某那里拿林权证去办理的，主观上，申请采伐的面积包括 13.8 亩山场。二是吕某华对吕某某的合同书上的山林协议事实也包含 13.8 亩山场。三是钱某龙滥伐林木的山场是人工林松林。其附近的树种为天然林，采伐设计时设计的山场是包括 13.8 亩的，但制作林木采伐作业设计书时，对比林权证的图纸范围后，所制作的林木采伐作业设计书中不包含 13.8 亩山场。四是吕某华卖给钱某龙的山场包含 13.8 亩山场。

第一次退回补充侦查的重报资料，让笔者信心更足了。某检察院的办案人员通知钱某龙签署认罪认罚具结书，钱某龙认为自己从未砍伐过树木，也没有为砍伐树木的人“指定山界”，林木采伐许可证办理后已经交给胡某祥、左某双，组织和雇佣伐木工人都是胡某祥和左某双负责，与自己无关，故钱某龙不同意认罪认罚。

2019 年 8 月 8 日，在第一次辩护意见的基础上，笔者再次向某检察院提交了《关于请求对涉嫌滥伐林木案的钱某龙作出不起诉决定的法律意见书》。法律意见书的主要内容如下：

1. 林业部门发放林权证确定山界错误在先。起诉意见书查明，2007年5月，吕某某办理了某潭山场人工林木林权证，面积为182亩（148亩+19亩+15亩）。直到2018年12月26日，某镇林业工作站、某市某某林场双桥分场工作人员通过现场察看、图纸比对，才发现吕某某办理的林权证中的面积包含了某某林场的19亩天然林林场，而应划入吕某某林权证面积的13.8亩人工林松木山场却被划入了某组的林权证中，致使吕某某以及承接山场的其他当事人都一直误以为13.8亩的人工林松木已包含在吕某某的林权证中，该山场就是吕某某的山场。

本案中，超面积砍伐的13.8亩山场，与吕某某办理了林权证的山场连片且林种相同，亦同属于人工林松木山场，不仅吕某某等当事人当然地认为该13.8亩人工林松木已包含在林权证中，林权证的核发林业主管部门也同样误认为13.8亩的人工林松木已划入吕某某的林权证中。拥有专业力量、专业人员、专业技术的林业行政主管部门尚且“误认为”，却认定钱某龙是“故意”，显然十分牵强，亦不合法理和情理。

2. 人工林松木13.8亩已被列入采伐作业设计范围。各方均认为13.8亩的人工林松木已包含在吕某某的林权证中，事实上也应当划入吕某某的林权证。其后，某潭山场的转让、采伐设计，也都遵循这一共识。林业主管部门在进行某潭山场采伐作业设计时，设计的山场面积就包含了13.8亩的人工林松木，某某林业公安提交的补充材料，更清晰地证明了这一事实。吕某某陈述：我只知道人工林松木是置换给的，当时说有180亩，还说实际面积还大点，有206亩。当时置换给我的人工林松木的山我都转给了吕某华。吕某华陈述：我很简单，吕某某转给我多少山，我就转多少山给钱某龙。这个山，任何人来砍，都是应该这样砍的。张某顺陈述：我们设计的都是人工林松木，在山场上，别的地方也没有人工林松木，人工林松木也就是那么一块，人工林松木基本上都是连在一起的。

3. 钱某龙没有额外获得超面积采伐利益的故意。钱某龙以 40 万元的价格将某潭山场松木、杉木采伐权转给了胡某祥、左某双。该转让价格是固定不变的，不因超面积砍伐获得超额林木而增加，也不因未达到设计采伐量而减少。换言之，具体采伐的结果如何，不对钱某龙的权益产生任何影响。钱某龙不具备“故意”“指定砍伐山界”让他人获益的原始动力和想法，即使真如办案人员所称的存在“指定砍伐山界”行为，亦纯属“过失”，而非“故意”。

4. 钱某龙已尽了最大的审慎注意义务。钱某龙陈述：我们开始认为那 13.8 亩人工林松木山是我们的山，因为都是人工林松木，都是连在一起的。在设计砍伐某潭山场人工林松木时，我还问了县林业局设计队的“小李”和某镇林业工作站的李某芳，问人工林松木是不是全部设计了，他俩告诉我都设计了。李某芳陈述：我们是按林权证上的范围进行人工林松木采伐的。林木采伐范围的主要依据就是林木采伐许可证，胡某祥等人持有林木采伐许可证，超出设计范围采伐不追究实际采伐人员，却让转让林木的钱某龙承担滥伐的刑事责任，于法不符。

5. 某潭山场的实际采伐人不是钱某龙。胡某祥称林木是由其自己负责砍伐。胡某祥陈述：大约是 2016 年年底的样子，某村小组的钱某龙有一块山进行了设计，然后钱某龙通过金某华找到我，说是把某村小组的某潭山场上的松木、杉木卖给我，由我去砍伐。后来，我找到左某双。最后，谈好价钱是 40 万元，把某潭山场上的树卖给我们。胡某祥称，砍树民工系由胡某祥、左某双雇请，工资亦由其负责支付。胡某祥还陈述：是左某双找的民工，民工好像是浙江丽水人。民工的砍伐工资是由我和左某双付的。左某双陈述：砍伐的民工由我和胡某祥找，砍伐工资由我们出。某潭山场林木是由胡某祥、左某双负责砍伐，并且为了砍伐某潭山场上的松木、杉木，共同雇用民工砍伐，承担砍伐民工工资。因此，胡某祥、左某双作为实际采伐人毫无争议。

（三）案件第二次退回补充侦查

由于钱某龙不同意认罪认罚，笔者亦明确提出不起诉意见，某检察院于 2019 年 9 月 9 日再次将案件退回补充侦查。

第二次补充侦查，某某林业公安仅补充了一份当地林业部门出具的《关于吕某某的林权证办理错误的情况说明》，确认：某潭的人工林松木应属于吕某某林权证范围内的山场。也就是说，被砍伐的 13.8 亩人工林松木山场在林权证范围内。

某检察院办案人员第二次补充侦查后，再次致电钱某龙，要求其到检察院签署认罪认罚具结书，并明确告知钱某龙，因犯罪事实清楚、证据确凿，其不做认罪认罚检方会要求法院判实刑。但是钱某龙态度坚决，向办案人员称，“树不是我砍的，要我认罪可以，还要我交罚款，不如把我关起来”。

（四）案件第三次退回补充侦查

2020 年 1 月 6 日，某检察院向法院提起诉讼。在起诉之前，某检察院第三次将案件退回补充侦查。某某林业公安于 2019 年 11 月 20~27 日，对包括钱某龙在内的 10 名人员制作了询问笔录。但是，第三次退回补充侦查已经严重违反法律规定。

三、坚守底线不妥协，三次庭审无罪辩

案件起诉到某法院后，笔者根据案件情况，及时向某法院提交了

《庭前会议申请》《非法证据排除申请书》。承办法官依法召开了庭前会议，会议上笔者着重就某检察院第三次补充侦查的询问笔录要求法院作为非法证据排除。同时提供了如下法律依据：

《刑事诉讼法》第 56 条规定："采用刑讯逼供等非法方法收集的犯罪嫌疑人、被告人供述和采用暴力、威胁等非法方法收集的证人证言、被害人陈述，应当予以排除。收集物证、书证不符合法定程序，可能严重影响司法公正的，应当予以补正或者作出合理解释；不能补正或者作出合理解释的，对该证据应当予以排除。在侦查、审查起诉、审判时发现有应当排除的证据的，应当依法予以排除，不得作为起诉意见、起诉决定和判决的依据。"

第 175 条规定："人民检察院审查案件，可以要求公安机关提供法庭审判所必需的证据材料；认为可能存在本法第五十六条规定的以非法方法收集证据情形的，可以要求其对证据收集的合法性作出说明。人民检察院审查案件，对于需要补充侦查的，可以退回公安机关补充侦查，也可以自行侦查。对于补充侦查的案件，应当在一个月以内补充侦查完毕。补充侦查以二次为限。补充侦查完毕移送人民检察院后，人民检察院重新计算审查起诉期限。对于二次补充侦查的案件，人民检察院仍然认为证据不足，不符合起诉条件的，应当作出不起诉的决定。"

《人民检察院刑事诉讼规则》第 346 条第 1 款、第 2 款规定："退回监察机关补充调查、退回公安机关补充侦查的案件，均应当在一个月以内补充调查、补充侦查完毕。补充调查、补充侦查以二次为限。"

第 349 条规定："人民检察院对已经退回监察机关二次补充调查或者退回公安机关二次补充侦查的案件，在审查起诉中又发现新的犯罪事实，应当将线索移送监察机关或者公安机关。对已经查清的犯罪事实，应当依法提起公诉。”

第 367 条规定：“人民检察院对于二次退回补充调查或者补充侦查的案件，仍然认为证据不足，不符合起诉条件的，经检察长批准，依法作出不起诉决定。人民检察院对于经过一次退回补充调查或者补充侦查的案件，认为证据不足，不符合起诉条件，且没有再次退回补充调查或者补充侦查必要的，经检察长批准，可以作出不起诉决定。”

上述相关法律规定，明确了检察院退回补充侦查以二次为限，第三次退回补充侦查属于违反法定程序的行为，应当予以排除。

为证明钱某龙没有滥伐林木行为，笔者再次向法院提交了《证人出庭作证申请书》和《侦查人员出庭说明情况申请书》。由于当时处于疫情期间，法官同意律师自行向证人收集证据，并提交给法院。

2020 年 4 月 25 日，笔者对两个证人金某旺和吕某盛收集证人证言，主要证明是鲍某斤带人砍伐，不是由钱某龙组织或雇佣。为防止被认为律师非法取证或者证人在侦查机关重新制作笔录时称律师指使他们作证，笔者一是选择在律所收集证人证言，二是由单位同事全程录音录像。法庭审理期间，某检察院提出补充侦查建议，某某林业公安询问了笔者提供证词的两个证人。在对金某旺进行询问时，侦查人员问：“你看不懂地形地貌图，你为什么还按手印？”答：“是律师指到那个地方叫我按的手印。”幸亏笔者在取证时采取自我保护措施，进行了全程录音录像，从而避免了因证人出尔反尔造成的法律风险。

法院对本案组织了三次开庭审理，每次庭审，笔者都毫不妥协，坚持进行无罪辩护。最终，法院判决：钱某龙违反《森林法》的规定，滥伐林木 52.4193 立方米，数量较大，其行为已构成滥伐林木罪，但经审判委员会讨论，判决钱某龙犯滥伐林木罪，免予刑事处罚。

四、律师手记

根据《森林法》的规定，除农村居民采伐自留地和房屋前后个人所有的零星林木以外，其他采伐必须办理林木采伐许可证。未经林业部门批准核发林木采伐许可证，私自采伐树木，如果砍伐的面积超过 10 立方米或者砍伐幼树超过 500 株；或者虽持有采伐许可证，但不按采伐许可证规定的时间、数量、树种或者方式采伐树木的，都可能构成滥伐林木罪，包括自己种的树木。任何公民和组织必须遵守法律，依法采伐。国家行政、司法机关对滥伐林木的违法犯罪行为必须依法处罚。律师在提供法律服务的过程中，既要宣传法律，倡导社会公众知法守法，保护生态环境，也要认真调查研究，分清是非，坚持正义，敢于向行政、司法机关提出意见，推动其依法行政、公正司法，切实维护当事人的合法权益。

冲动和悔恨

——李某故意伤害罪案

◎王保崇 *

随着社会经济的发展和人们对生活品质的多元化追求，酒越来越成为社会公众不可或缺的一种重要消费品，乃至部分爱酒人士的生活必需品。中国酒文化历史悠久、内涵丰富，早已融入经济、政治、文化、社会生活等多个领域。在日常生活中，适度饮酒可以烘托节日的欢庆气氛、舒缓精神、减轻疲劳，科学研究亦表明，适度饮酒对人体有一定的益处。但过度饮酒不但会对身体健康造成损伤，有时还会让人失去理智，暴躁冲动，甚至引发令人追悔莫及的悲剧。

一、冲动是魔鬼，亲人反目成仇

2021 年 9 月 16 日 22 时左右，南阳市公安局宛城分局接到市民王小某报警，称其父亲王某在住宅内被杀害。公安机关迅速出警，在住宅内发现一人王某受伤，另一人王某甲倒地已无生命体征，并现场控制一名

* 广东普罗米修（南阳）律师事务所执行主任；电子邮箱：965014794@qq.com。

嫌疑人李某（后成为笔者的当事人）。经调查，案发经过为：2021 年 9 月 16 日正午时分，犯罪嫌疑人李某在车辆道路运输资格证年审完毕后，到南阳市宛城区白河镇王某（系李某的姐夫）家中饮酒叙旧，酒后因家庭琐事纠纷，李某打伤王某面部，王某遂喊来其哥王某甲到现场评理。李某因酒醉意识不清，先将王某打倒在地，脚踹王某腹部，后将王某甲打倒在地，拳打脚踢王某甲，致王某甲死亡。当日 22 时许，王某的弟弟等人到王某家寻找王某甲，撬门进入后发现二人倒地不起，王某的女儿王小某随即报警，民警到达王某家后，将正在屋内昏睡的李某抓获。

2021 年 11 月 25 日，南阳市公安局宛城分局侦查终结，案件移送南阳市宛城区人民检察院审查起诉。

2022 年 3 月 15 日，南阳市中级人民法院经开庭审理此案，判处被告人李某死刑。

正是在李某一审被判处死刑后的这个节点上，笔者接手了这个事关生死的人命案件。

二、十分好月，不照人圆

一天傍晚，笔者正在加班加点地阅览案件材料，一位年轻男子敲响了律所的玻璃门：“有律师能救救我父亲吗？他可能很快就要被执行死刑了……”

抬头看到这位神情黯淡无光，眼睛红肿的年轻男子，出于多年办理刑事案件的职业敏感性，笔者下意识地感觉到这两句话的背后又将是一个充满挑战、任重道远的案件。

将年轻男子请到座位上后，笔者给他倒了一杯温水，安抚道：“您好，我是本律师事务所负责刑事案件方面的律师，请问你和你父亲遇到什么事了？”

“我叫李小某，我父亲李某因为故意伤害一审被南阳中院判了死刑，具体情况是这样……”接着，李小某便向笔者讲述了上述案件的全过程，之后又补充道：“当时一审我们请的律师预估判决结果是15年有期徒刑左右，没想到结果出来却是死刑，我们一家人都受了很大打击，我父亲也不太相信他的律师了。一审结果出来到现在，我咨询了很多其他律师，答复都是没什么希望，也不愿接手，您这里是我咨询的最后一家律所，如果您觉得还是没什么挽救的余地，我也就不再咨询别人了。”

俗话说，男儿有泪不轻弹，只是未到伤心处。当李小某看似平静地说完案件情况的一瞬间，他强忍已久的眼泪夺眶而出，当着笔者泪如泉涌。想着这对父子即将天人相隔，笔者心中充满了同情。让李小某平复了一下心情后，笔者便拿起李小某提供的案件材料开始仔细地审查。

看完案件的相关材料后，笔者发现了一个突破口：该案件目前尚未取得被害人及其家属的谅解，没有就经济赔偿达成合意。按照笔者以往办理刑事案件的经验来看，取得被害方谅解与否是一项可能影响判决结果的重要因素，若本案往此方向努力，尚有一线生机。听完笔者的分析，李小某的眼里也多了一丝希望，带着这样的辩护思路，笔者正式接受李小某的委托，成为李某的辩护人。

三、心如死灰的当事人

当时正值新冠疫情期间，往日车水马龙的街道变得清冷萧瑟。为严苛阻断疫情传播，看守所对律师会见当事人也作了一系列严格规定，会见不仅需要提供24小时内核酸阴性证明（纸质版盖章）、健康码、行程码，还只能通过视频方式会见，设备故障、网络卡顿随时都可能对会见过程产生影响。事不宜迟，在拿到核酸检测阴性报告后，笔者决定立即启程去看守所会见本案的当事人。

经过层层审核，笔者终于在视频会议室内见到了当事人李某，在做自我介绍时笔者发现，李某始终低头不语、眼神冰冷，似乎发生的一切都不再与他有关。正当笔者准备询问案件细节时，李某的一句“如果确实没有希望，就不上诉了，我不想再浪费请律师的钱，家里有车贷、房贷，我不想给家人再留太大压力”令笔者心情沉重，顿时语塞。被判死刑的人往往都会不惜重金聘请律师，想方设法只求一丝活下去的可能，而眼前的这个当事人是笔者见过的第一个只为节省一点律师费而放弃上诉、选择死亡的人。惊讶之余，笔者继续尝试安抚当事人的情绪，并向他说明了笔者的辩护意见：“李先生，钱财终究乃身外之物，钱没了可以再挣，人没了家庭就散了，不要因为眼前的一点费用而放弃了人生的希望。当你想放弃的时候，想想你的儿子，他在外面费尽心思地想为你争取一线希望，你忍心就这么轻易地再让他承受丧父之痛吗？况且本案还有周旋的余地，根据法律规定，对于因民间矛盾激化引发的故意伤害、杀人案件，在适用死刑时会特别慎重。例如，被害人一方有明显过错或者对矛盾激化负有直接责任的，被告人有法定从轻处罚情节的，被告人积极赔偿被害人经济损失、真诚悔罪的，被害方谅解的等，除犯罪情节特别恶劣、犯罪后果特别严重、人身危险性极大的被告人外，一般可以考虑不判处死刑立即执行。据我了解，本案一审并没有取得被害人及其家属谅解，如果我们积极赔偿取得谅解，根据我们国家少杀慎杀的刑事政策，是有希望在二审阶段改判的。”在笔者晓之以理，动之以情的劝说下，这位父亲终于鼓起了面对结果的勇气，燃起了继续生活的希望，同意了积极赔偿尽量促成和解的辩护方案，选择继续上诉。

四、一线生机，锲而不舍

从看守所出来后，由于时间紧迫，笔者立即调阅了案件的全部卷宗并连夜整理出了两个二审开庭前必须完成才有可能改判的准备工作：（1）对当事人李某进行社会背景调查，让法院认同若对李某不判处死刑不会对社会产生危害；（2）就经济赔偿部分与被害人及其家属达成合意，取得被害人及其家属谅解。

依据最高人民法院2009年8月3日发布的《关于审理故意杀人、故意伤害案件正确适用死刑问题的指导意见》的规定，对于故意伤害致人死亡的被告人，如果具有下列情形，一般不判处死刑立即执行：因婚姻家庭、邻里纠纷以及山林、水流、田地纠纷等民间矛盾激化引发的；被害人有过错，或者对引发案件负有直接责任的；犯罪手段、情节一般的；被告人犯罪后积极救治被害人，或者积极赔偿被害方经济损失并真诚悔罪的；被告人作案时刚满18周岁或已满70周岁以上，且情节不是特别恶劣的；其他经综合考虑所有量刑情节可不判处死刑立即执行的；等等。同时，还要考量被告人有无前科及平时表现、犯罪后的悔罪情况等方面，综合判断被告人的人身危险性。

为了向二审法院提交李某无社会危险性的相关依据，在与李某谈话后的第二天早晨，笔者驱车前往李某的老家宛城区红某村走访调查。在村委会，笔者从村委会主任口中得知，李某以往在村里工作时勤恳踏实、热心积极，邻里关系和睦、干活一喊就到。听闻此次李某犯了如此重大的错误被判处死刑，村里人都十分惋惜。接着，笔者又花了两天时间走访了李某家附近的30多位邻里，所有受访群众一致表示李某为人老实厚道、品行端正，基本上没有与人发生过矛盾，对家里老母亲十分孝顺，在村中口碑很不错。得到村委会主任和群众的积极肯定后，笔者更加坚定了信心，并恳请村委会就李某平日里在村中的表现情况如实出具一份证明，希望法院能给李某一次改过自新的机会。村委会主任当即同意，村委会出具了一份有 32 位群众联名签字的情况证明。有了这份证明，在一定程度上也就能证实李某属于酒后激情犯罪，社会危害性不大。

在调查完李某的社会背景后，笔者又马不停蹄地奔赴郑州市，与河南省高级人民法院的本案二审法官取得联系，希望与之当面深入沟通案件事实情节、法律适用意见等重要问题，切实保障当事人的合法权益。然而，当笔者赶到约定的办公地点时，该案的法官突然电话告诉笔者他因同事感染新冠而被隔离了，只有待隔离期结束之后再见面。听到这个消息，纵使笔者心急如焚，面对疫情防控也只能遵守规定。在等待隔离期结束的时间里，笔者每天都与案件双方、法官保持电话联络，生怕再有什么变故。几天后，该法官终于解除隔离，通知笔者来办公室详谈。来到法院，笔者看到法官虽因腿伤拄拐，但依旧亲自下楼接待，令笔者真切地感受到了法官对案件负责、对生命敬畏的态度。笔者立即上前表达了感激敬佩之情，同时也表达了我方愿意积极赔偿，希望法院能从中帮忙调解的意愿。

法官也表示，因该起案件涉及死刑，人命关天，法院非常重视，并就死刑案件相关法律适用问题与笔者进行了解释："保留死刑，严格控制和慎重适用死刑"是我国一贯的刑事政策，必须保证这一重要刑事政策适用的连续性和稳定性；要以最严格的标准和最审慎的态度，确保死刑只适用于极少数罪行极其严重的犯罪分子，保证更有力、更准确地依法惩治严重刑事犯罪。依据最高人民法院《关于审理故意杀人、故意伤害案件正确适用死刑问题的指导意见》的相关规定，国家特别重视对故意杀人、故意伤害死刑案件的民事调解工作，要求一审、二审法院进一步加大调解力度，尽可能地促使当事人在一审达成调解协议，一审调解不成的，二审法院要做更多、更细致的工作，将调解工作贯穿案件审理始终。对于依法可以不判处被告人死刑的案件，要最大限度地促成双方当事人达成赔偿协议，取得被害方谅解。因此，河南省高级人民法院作为本次案件的二审法院，也将大力支持我方当事人取得被害人及其家属的谅解。

经过多次奔赴郑州与法官积极沟通，取得二审法院的支持，笔者更加有了底气，即刻着手联系双方当事人就赔偿问题进行谈判。正当笔者以为案件终于迎来一丝曙光，一切往好的方向发展时，当事人李某却给笔者来了一招“釜底抽薪”……

五、当事人再度撤诉，辩护人毫不知情

当笔者在二审“前线”积极努力地奔走争取时，未曾想“阵地后方”却“先失了火”。

二审开庭前的某天，笔者和委托人李小某抓住时机开始与被害方就赔偿问题进行协商，我们先向被害方致以了诚挚的歉意，然后便表达了将当事人李某唯一的一处房产赔偿给被害方的意愿，同时我们也表示将积极筹措资金，尽量弥补赔偿金额的不足，但由于李某家庭情况比较困难，家里有年迈的老母亲需要赡养，夫妻二人还背负着房贷、车贷，平日里只靠跑长途运输打零工养家糊口，勉强能维持一家温饱，经济条件十分有限，如果赔偿金额没能达到被害方期望，还希望给予更多的理解和宽容。被害人及其家属听到我方愿意以房屋做赔偿，也初步表达了同意谅解的意愿。

此时，二审法官的一通电话使笔者瞠目结舌，信心跌至谷底：“王律师，你的当事人李某已经撤回了上诉，现在案件到了死刑复核阶段。”

接完二审法官的电话，笔者真的是又生气又无奈，当事人在没有通知辩护人的前提下，自己撤回了上诉，那就意味着之前做的所有二审准备工作全部付诸东流。带着二审法官的关心、委托人的焦急，笔者立刻前去再次劝解李某，并且这次，委托人李小某也告诉了笔者一个可以让李某重燃生命之光的消息：就在笔者前往李某的老家红某村走访期间，李某的儿媳妇诞下了一个孩子。

在看守所见到李某后，李某怀着歉意向笔者说明了自己的想法。

他感激笔者和法官为他所做的一切，但非常后悔自己犯下的错误，酒醒后的每一天都活在巨大的痛苦和精神压力之下，一方面因自己醉酒后的过激行为导致被害方家属遭受不可磨灭的伤痛而羞愧难当；另一方面因自己的过错令本就不富裕的家庭雪上加霜而无颜面对，希望以死谢罪。

看着眼前抱头痛哭的李某，笔者不禁心生怜悯，从他的言语中笔者感受到了他对犯罪行为真切的悔恨，他不仅是一个案件的被告人，同时也是一位孩子的父亲，是一位妻子的丈夫，是一个年迈母亲的儿子，也是一个有血有肉有感情的人，笔者也理解了李某在看守所里是怎样地度日如年。

笔者慢慢安慰李某，人死不能复生，殉死谢罪不算什么，争取活着，回报你所亏欠的人才是你力所能及可以弥补的事，才是勇气。你的老母亲需要你，你的妻子孩子需要你，前两天你儿媳妇也生了孩子，就算为了早日见到孙子，你也不能放弃生的希望。成为爷爷的事仿佛一剂强心针，让李某破碎已久的心强撑着跳动起来，他饱含热泪、声音颤抖地向笔者寻求帮助，问现在该如何才能争取一线生机。笔者告诉他，现在最重要的是积极配合法院的死刑复核程序，在死刑复核阶段笔者会继续为他辩护。同时，笔者也表达了愿意再次帮助他的态度，希望他能够振作起来，为了家人，为了所有人的努力，再给自己一次机会。

六、死刑复核终审改判，天道酬勤，柳暗花明

在李某坚持死刑复核辩护后，笔者继续积极协调双方就赔偿方式、金额等具体问题磋商谈判，终于在死刑复核阶段取得了被害人及其家属的谅解，被害人及家属出具了《刑事谅解书》。同时，笔者通过类案检索在全国范围内寻找了十多起类似判例，量刑幅度均不至死，便将此也作为了辩护依据之一。最终，在死刑复核阶段，笔者向河南省高级人民法院提交了如下辩护词（摘录）。

1. 被告人李某及家属与被害人王某及被害人王某甲的家属达成了刑事和解，被害人及家属出具了《刑事谅解书》表达了对李某的谅解，同时向司法机关请求对李某从轻处理。

本案在死刑复核期间，被告人李某的家属和被害人王某甲的家属及被害人王某多次协商，真诚地表达了歉意，得到了被害人及家属的接受和谅解。

2022 年 10 月 10 日，被告人李某之子李小某与被害人王某甲的家属孙某、马某、陈某、赵某及被害人王某达成和解并签署了《刑事和解协议书》，同日被害人王某的家属孙某、马某、陈某、赵某及被害人王某出具了《刑事谅解书》，表达了对李某行为的谅解，不再追究李某本次事件相关的法律责任，并恳请河南省高级人民法院及相关司法机关对李某的刑事责任从宽处理。

周某、王小某口头表示同意刑事和解和刑事谅解，但未在文件上签字。

2. 本案被告人李某系醉酒后在行为意识、控制力严重下降的情况下实施的激情犯罪，人身危险性相对较小，犯罪主观恶意不大。

（1）被告人李某犯罪时处于严重醉酒状态。

证据卷第16页公安机关第一次讯问显示“问：你与郑某、王某总共喝了有多少白酒？答：我喝了四杯，那是半斤杯子，这样算起来，我喝了有二斤。问：你平时酒量有多大？答：我平时喝半斤啥也不耽误，很正常，喝个八九两就醉了。这次我喝的是北京二锅头，而且还喝有二斤，那真是醉得太狠了。”证据卷第5页显示“到案过程：2021年9月16日22时35分，南阳市公安局宛城分局接到报警称：在南阳市宛城区某住宅其父亲被人砍死。接到报警，公安机关迅速出警，现场控制一名嫌疑人李某。”证据卷第13页2021年9月17日2时35分公安机关对李某第一次讯问显示“问：酒醒没有？答：我酒已醒了。”证据卷第18页公安机关17日15时50分第二次讯问显示“问：李某你现在是不是已经完全酒醒？答：我现在已经完全酒醒。”审判卷第90页庭审笔录显示“公诉人：喝酒都有谁？李某：郑某我仨喝了有半斤酒，后来郑某走了。公诉人：你和王某又喝了没有？李某：三杯，有一斤多。”

综合以上证据，被告人李某在殴打被害人时已处于严重醉酒状态，醉酒虽然不是法定从轻处罚情节，但毕竟醉酒犯罪与正常状态下犯罪不同。醉酒会导致人的辨认控制能力减弱，这一点已为医学和司法精神病学所认同，我国交通运输管理法律法规明确禁止酒后驾车便是一个很好的例证。在辨认控制能力受到削弱的情况下实施故意伤害犯罪，与正常状态下实施的犯罪相比，行为人的主观恶性相对较小，道德非难程度也相应减小。人在醉酒状态下易出现情绪兴奋、行为失控等表现，酒醒后懊悔不已，因此行为人的人身危险性也相对较小。

（2）被告李某对被害人实施殴打采取的均为拳打脚踢的普通手段。

证据卷第20页公安机关第一次讯问显示“问：吵起来后呢？答：吵起来后我就扇了这老头一嘴巴，这个老头当时就躺在地上了，老头地上躺着还骂我，我到王某屋里厨房把厨房里的一把剥羊刀拿出来，朝地上躺着的老头比画（实际没有用刀扎、砍），吓这个老头，但是没有吓住，老头还是骂我，我把刀随手扔地上，上去用脚往老头嘴上踹了几脚，因为老头骂我，我就踹这个老头嘴，老头没声音，光剩下喘气和哼哼了。问：王某呢？答：老头进屋就吵我，我扇老头嘴巴，王某上来打我，我胳膊甩了一下把王某（王某有一米六多一点，估计60~70公斤）甩倒了，王某也倒地上了，王某和老头都躺在地上骂我，这我才上厨房拿刀朝老头和王某比画，再后来就是我脚踹老头嘴。问：你踹完老头呢？答：我晕得很，我也躺地下了，但是老头哼哼得我感觉吵得慌，我就进到一个房间躺床上了，再后来就是警察到屋里把我戴上手铐了。”证据卷第22页显示“问：你把你涉嫌故意伤害的情况讲清楚？答：也不知道过多长时间，王某和他大哥（不知道叫什么名字，是个老头，有个七八十岁）上来了进到屋内，见到我，王某他大哥就对我说钥匙不给我，我就往王某和他大哥跟前去，用手给了王某他大哥一耳光。当时记不清是我把王某撞倒了，还是王某拦我，我把王某用手甩到一边去，王某当时倒地了，倒在门口附近。王某他大哥应该是骂我了，我又动手打了王某他大哥，我和王某他大哥撕抓到客厅附近，用拳头将王某他大哥打倒在地，王某他大哥一直在骂我，我用脚跺了王某他大哥头上、嘴上、鼻子上，打的中间我还摔倒一次。我记着我还去厨房拿了一个剔骨刀，朝王某他大哥面前比画着，吓唬吓唬他，但是没有用刀伤害他们。当时我还晕着，也躺在地上，在王某他大哥附近躺着。王某他大哥在地上一直在哼咛，把我哼咛醒了，当时我还晕着，我就起来摸着门进到屋内躺在一张床上睡觉了。等我被叫醒时候，警察已经到现场把我喊起来，戴上手铐了。”审判卷第 91 页显示“公：后来呢？李：他打个电话，应该出去了。他出去后我就在那儿坐着。公：他喊人来，你是否认识？李：不认识。公：喊人来之后你有啥行为？李：他们说不给我钥匙，我就打了叫来的人一锤，在面部，当时就倒地了。公：后来呢？李：我又踹了一脚，踹面部，公：踹几脚？李：记不清了。公：后来又咋打的？李：又打王某一锤。说不给钥匙，我当时就闹了，先打的王某甲。王某甲打倒后又打的王某，也是打的脸部，当时王某也倒了，又踹了他两脚胸部左右的位置。公：倒地后又说话没有？李：我不记得了。公：你干啥了？李：我都喝晕了。王某甲吵得我心烦，我就去厨房拎刀出来，说再吵就杀你，然后酒劲上来了，刀掉了，我就上屋睡了。”技术卷第 8 页显示“王某甲系生前遭受钝性外力致颅脑损伤合并创伤性休克死亡”。第 18 页显示“王某膀胱破裂、肋骨骨折、口唇全层裂创”。

综合以上证据，在整个案件过程中，被告人殴打二被害人时均使用拳打脚踹的手段，法医鉴定亦证实了李某供述的真实性。结合现场李某拿刀仅是吓唬被害人且主动放弃使用刀具来看，被告人在重度醉酒的情况下依然选择放弃使用刀具这一杀伤力更为强大的工具，而是采取拳打脚踹这一原始方式，足见其主观方面并未追求或放任严重伤害的结果，相对于手段特别残忍的犯罪，本案被告人李某的人身危险性也相对较小，犯罪主观恶意不大。

3. 本案二被害人对案发原因存在一定程度上的过错，对引发案件负有直接责任。

针对本案基本事实，被告人李某所供述与司法机关查明的案件事实基本一致，据此事实认定李某的行为构成故意伤害罪，辩护人不持异议。案件事实不但是定罪的依据，同时也是量刑的依据，纵观一审卷宗，司法机关侦查举证所要证明的重点及指向多倾向于定罪部分，对量刑部分涉及较少且多倾向于从重量刑。

在被告人的关于案发前后事实的供述中，除案发原因、犯罪动机外，犯罪过程、犯罪手段均与被害人、证人及客观证据完全吻合一致。关于案发原因、犯罪动机这一情节，双方各执一词，被告人李某供述因醉酒后向王某索要自家房屋钥匙被王某以售房尾款1万元未付为由拒绝故而引发本案；被害人王某陈述因李某醉酒后替其姐出气引发本案，二人所述均为言词证据，无其他证据佐证，但结合全案看被告人的供述应系真实，原因有以下几点：

从公安机关的调查时间来看，李某的第一次供述系其到案酒醒后第一时间取得。证据卷显示公安机关共讯问四次，前三次均为对案件事实的讯问，针对案发原因这一事实，李某前后供述一致稳定。第一次讯问是在2021年9月17日2时35分，此时距王某被公安机关控制约4个小时，其刚酒醒即被讯问，证据卷第15页显示"答：剩下我和王某继续喝，后来每个人又喝了三杯，然后就不喝了，我开始问王某要钥匙。问：为什么要钥匙？要什么钥匙？答：王某现在住的这个楼是王某以前开发的，六七年前，我从王某手里买了王某住的房子上面的六楼东户，我也装修了，也住了，我儿子结婚就是在这屋里。今年'五一'的时候，我的这套房子因为是顶层，漏水，我想把这套房子卖掉，王某说有人买，让钥匙放他那，我侄子就把我这套房子的钥匙给王某了，别人想看我的房子时王某能开门给人家看。在我这次回来前，我打电话给王某说了，房子我不卖了，所以这次回来就问王某要钥匙。"第二次讯问是在同日的15时50分，即距第一次讯问后12个小时，证据卷第19页显示"问：郑某走了以后，发生了什么情况你继续讲"。"郑某走了以后，我和王某继续喝，我们两人每人又喝有两玻璃杯白酒，我就向王某要我六楼房子的钥匙，王某不给我，好像说要我把欠他的1万元还他。当时我喝晕了，对王某说：‘我姐跟着你几年，没名没分，一万块都担不住’，说完我就用手朝王某脸上扇了一耳光。”第三次讯问是在9月18日17时8分，证据卷第22页显示“问：你把你涉嫌故意伤害罪的情况讲清楚。答：然后就不喝了，我开始问王某要钥匙，王某不肯给我，我们两个就吵了起来，我扇了王某一嘴巴。”审判卷第90页显示“公：你去王某家干啥？李：要钥匙，回家，我在他们楼上住。”

公安机关询问王某是在2021年10月9日15时，此时距案发已过去23天，证据卷第60页显示“问：接着讲？答：郑某走了以后，我和李某在屋内，我对李某说我不再喝了，我每天也喝不多少，李某自己喝着酒，对我说，他去他姨家吊孝了，见到他姐，他姐说我以前欺负过她，他要找我修理修理我。说完，李某用手、用拳头朝我头上脸上打，不知道打几下，我当时人都蒙了，当时只知道牙掉了，满脸是血。”

综合以上证据，被告人李某的供述系案发酒醒即作出，与随后供述一致稳定，且李某自到案后一直处于羁押的隔离状态。被害人王某的陈述系案发后20余天所做，在此20多天的时间里被害人家属及相关证人均已被公安机关调查且王某可以随时见到这些证人，其所做的该处证言被污染的可能性极大。被告人已对全案事实做了如实供述，没必要也没有动机仅对该细节做虚假供述，且被告人供述的关于买房欠款1万元、钥匙在被害人处、委托卖房等双方说法一致。

综上所述，关于本案的案发原因及被告人李某的犯罪动机，在双方所述不一致且无其他证据佐证的情况下，结合全案证据，并根据经验法则和有利于被告人的刑事诉讼原则，应采信李某的供述。被害人王某拒绝被告人李某索要自家钥匙的要求是导致本案案发的原因和李某的犯罪动机，被害人王某甲对案发原因存在一定程度上的过错，对引发案件激化矛盾负有直接责任。

4. 本案被告人李某到案后如实供述犯罪行为属于坦白，自侦查阶段至审判开庭李某一直表示认罪认罚。

在公安机关第一次讯问李某时，李某即对犯罪事实供认不讳，同时表达了认罪认罚（证据卷第20页显示“问：你还有什么要补充的？答：没有了，我对我的行为认罪认罚。”直至开庭李某一直表示认罪认罚。审判卷第92页显示“辩：你对这个事是否认罪认罚？李：认。”）。

在审查起诉阶段也未见检察院就被告李某认罪认罚事项听取李某的意见，和作出什么处理。

被告人李某到案第一次接受讯问即表示认罪认罚，但在案卷材料中未发现有《认罪认罚具结书》，庭审笔录中也未发现公诉人、审判员就认罪认罚问题发问过。仅在法庭辩论阶段审判卷第97页显示“公：被告人认罪认罚的情况，被告人至今没有签署。”至于为什么没有签署，公诉人没有向法庭说明，法庭也没有询问。

根据最高人民法院、最高人民检察院、公安部、国家安全部、司法部《关于适用认罪认罚从宽制度的指导意见》的相关规定，认罪认罚从宽制度贯穿刑事诉讼全过程，适用于侦查、起诉、审判各个阶段。认罪认罚从宽制度没有适用罪名和可能判处刑罚的限定，所有刑事案件都可以适用，不能因罪轻、罪重或者罪名特殊等原因而剥夺犯罪嫌疑人、被告人自愿认罪认罚获得从宽处理的机会。

综上所述，本案被告人李某在到案后第一次接受询问时即表示了认罪认罚，直至庭审，但未见到公诉机关和一审法院对此有任何正面反应，认罪认罚制度的本质在于准确及时惩罚犯罪、强化人权司法保障、推动刑事案件繁简分流、节约司法资源、化解社会矛盾、推动国家治理体系和治理能力现代化。李某已对认罪认罚作出了真实意思表示，认罪认罚程序的启动及相关手续的办理在司法机关，作为实施主体的公诉方应对李某认罪认罚展开工作并向法庭如实反映。一审法院作为审判机关应对李某认罪认罚的真实情况予以查明。本案李某已认罪认罚，应依法在量刑中予以考虑。

5. 被告人李某无违法犯罪前科，属于初犯偶犯。

从证据卷第 7 页可以看出被告人李某一贯表现良好，无违法犯罪前科，审判卷第 97 页显示公诉人在辩论阶段提出“本案系重大犯罪不适用初犯偶犯。”初犯偶犯从轻这一刑事政策适用于全部刑事案件，不存在重大案件不适用的规定，至于在量刑时考虑的尺度及是否初犯从轻由审判机关决定，而非一审公诉人所说的不适用。

综合以上证据可以看出，被告人李某一贯表现良好且无违法犯罪前科，属于初犯偶犯。

6. 本案被告人李某一贯表现良好，所在基层组织及村民代表向司法机关请愿，恳请对李某从轻处理。

本案二审期间，宛城区红某村村民委员会出具证明，认为李某为人老实本分、乐于助人、孝敬长辈，一贯表现良好，该村村委会希望对李某从轻处理。村民孔某等 32 人联名请愿恳请司法机关对李某从轻处理，给其一个改过自新、重新做人的机会，让其在有生之年以善诚回报社会。包括证据卷第 5 页显示李某到案后对犯罪事实供认不讳，都可以说明李某并非罪大恶极之人。恳请二审法院对于基层村民组织和村民代表的请愿予以关注，在对李某量刑时予以考虑。

7. 本案一审判决宣判后，被告人李某虽提起了上诉，但在二审尚未开庭之前即撤回了上诉，足见李某的认罪悔罪态度良好。

8. 通过类案检索，类似本案的判决结果多为 12 年以上有期徒刑和无期徒刑，最严重的判决死刑缓期 2 年执行，本案应对被告人李某在有期徒刑至无期徒刑之间量刑。

根据《最高人民法院统一法律适用工作实施办法》第6条的要求，最高人民法院在审理案件时，除《关于统一法律适用加强类案检索的指导意见（试行）》规定应当进行类案检索的案件外，对于最高人民法院《关于完善人民法院司法责任制的若干意见》《关于进一步完善“四类案件”监督管理工作机制的指导意见》规定的“四类案件”，最高人民检察院抗诉的案件，以及审理过程中公诉机关、当事人及其辩护人、诉讼代理人提交指导性案例或者最高人民法院生效类案裁判支持其主张的案件，也应当进行类案检索，以强化对“四类案件”的监督管理，回应当事人期待，确保最高人民法院的裁判之间不出现法律适用分歧。

辩护人通过裁判文书网查询了与本案类似的案件，共检索到类案判决20余份，类似本案的判决结果多为12年以上有期徒刑和无期徒刑，最严重的判决死刑缓刑2年执行。例如，在刘某故意伤害案中，一审法院北京市第三中级人民法院作出的（2020）京03刑初77号刑事判决书认为，刘某不能正确处理同事间的相关矛盾，在与被害人发生口角后的互殴中持随身携带的理发剪刀故意扎刺被害人身体，致被害人受伤后死亡，其行为已构成故意伤害罪，判决刘某犯故意伤害罪，判处无期徒刑，剥夺政治权利终身。二审法院北京市高级人民法院作出（2021）京刑终26号刑事裁定书，维持原判。在赖某良、赖某星故意伤害案中，一审法院广东省梅州市中级人民法院作出的（2020）粤14刑初28号刑事判决书认为，被告人赖某良、赖某星为报复他人，结伙持械两次伤害他人身体，致被害人死亡，犯罪情节恶劣。认定被告人赖某良犯故意伤害罪，判处无期徒刑，剥夺政治权利终身；被告人赖某星犯故意伤害罪，判处有期徒刑15年，剥夺政治权利4年。二审法院广东省高级人民法院作出（2021）粤刑终435号刑事裁定书，维持原判。在万某雄、万某军故意伤害案中，一审法院广东省东莞市中级人民法院作出的（2020）粤19刑初255号刑事判决书认为，被告人万某雄、万某军无视国法，因小事结伙故意伤害他人身体，致一人死亡，其行为均已构成故意伤害罪。万某雄、万某军归案后如实供述主要犯罪事实，依法对两人从轻处罚。判决被告人万某雄犯故意伤害罪，判处无期徒刑，剥夺政治权利终身；被告人万某军犯故意伤害罪，判处有期徒刑15年，剥夺政治权利5年。二审法院广东省高级人民法院作出（2020）粤刑终1477号刑事裁定书，维持原判。在李某故意伤害罪案中，一审法院陕西省渭南市中级人民法院作出的（2020）陕05刑初71号刑事附带民事判决书认为，被告人李某因怀疑被害人与其妻有不正当男女关系，遂持剪刀故意伤害被害人，致被害人因外伤引起心脏破裂大量失血而死亡，其行为构成故意伤害罪，依法应予惩处。李某到案后能如实供述犯罪事实，有坦白情节，可以从轻处罚。以被告人李某犯故意伤害罪判处其无期徒刑，剥夺政治权利终身。二审法院陕西省高级人民法院作出（2021）陕刑终109号刑事裁定书，维持原判。

辩护人是法律工作者，法官是司法者，我们共同信仰的是法律。刑法的目的不是复仇，本案即使判决李某死刑，也是因为事实和法律而不是其他，这个事实既包括据以定罪的事实也包括据以量刑的事实。相对于故意杀人犯罪而言，故意伤害犯罪的社会危害性和被告人的主观恶性程度不同，适用死刑应当比故意杀人犯罪更加慎重，标准更加严格。只有对犯罪后果特别严重、手段特别残忍、情节特别恶劣的被告人，才可以适用死刑立即执行。

被告人李某系醉酒后在行为意识、控制力严重下降的情况下实施的激情犯罪，人身危险性也相对较小，犯罪主观恶性不大；李某到案后积极配合公安机关侦查，如实供述自己的犯罪行为系坦白；自侦查阶段至审判开庭李某一直表示认罪认罚；李某无违法犯罪前科属于初犯偶犯。同时考虑被害人对案件的发生存在一定程度上的过错，对引发案件负有直接责任；被告人李某一贯表现良好，所在基层组织及村民代表向司法机关请愿；被告人家属已与被害人及其家属达成了刑事和解协议并完全履行了和解协议约定的赔偿义务，被害人及其家属出具了《刑事谅解书》对李某的行为表示谅解，不再追究李某本次事件相关的法律责任，并恳请河南省高级人民法院及相关司法机关对李某的刑事责任从宽处理。根据《刑事诉讼法》及相关司法解释的规定，恳请贵院复核不核准死刑，依法提审改判或发回重新审判。

终于，天道酬勤，柳暗花明。2023 年 3 月 27 日，河南省高级人民法院经过审理认为：上诉人李某使用暴力手段故意伤害他人身体，其行为已构成故意伤害罪。李某因琐事酒后对二被害人拳打脚踢，致一人死亡、一人重伤，犯罪性质及后果均极其严重，依法本应严惩。但鉴于本案因琐事引发，李某到案后能够如实供述自己的犯罪事实，李某家属积极赔偿，取得被害人王某甲家属和被害人王某的谅解，可以对其从轻处罚，故对其判处死刑，可不立即执行。原判定罪准确，审判程序合法，但量刑不当。对辩护人"原判量刑重"的辩护意见，法院予以采纳。随后作出的判决内容如下：（1）撤销河南省南阳市中级人民法院刑事附带民事判决第一项，即被告人李某犯故意伤害罪，判处死刑，剥夺政治权利终身；（2）被告人李某犯故意伤害罪，判处死刑，缓期 2 年执行，剥夺政治权利终身。

听到刑罚由死刑立即执行改判为了死缓，李某满含热泪地向笔者表示感谢，他的家人也纷纷握住笔者的手表达谢意，这个判决结果对李某和他的家人来说，无疑是一个巨大的安慰。

在本案中，虽然李某的行为造成了严重的后果，但我们也应该看到他的人性、他的悔过和愿意承担责任的态度对量刑产生的影响。死刑并不是对致人死亡犯罪的唯一惩罚，通过教育、改造、给予机会，让犯罪人悔过，同时也可以对世人起到法治教育的效果，也许更能达到刑罚的目的。笔者真诚地希望李某能够认真反思自己的错误，积极接受改造，早日回报社会。

七、律师手记

《抱朴子·外篇·酒诫》有云："世之士人，亦知其然，既莫能绝，又不肯节，纵心口之近欲，轻召灾之根源，似热渴之恣冷，虽适己而身危也！"

当今社会，酒文化已经融入人们日常生活的方方面面，喝酒不仅是一种饮食习惯，也成了一种人们对情感的寄托与表达。无论是"人生得意须尽欢，莫使金樽空对月"的喜，"怒发冲冠，凭栏处、潇潇雨歇"的怒，还是"月既不解饮，影徒随我身"的哀，抑或是"烹羊宰牛且为乐，会须一饮三百杯"的乐，都不乏"酒逢知己千杯少"的情感宣泄，但笔者在此也要奉劝广大读者适度饮酒，过量饮酒会严重影响人的判断力和控制力，导致酒后出现不理智的行为。近年来，由醉酒引发的醉驾、交通肇事及寻衅滋事案件屡见不鲜，但"醉酒"不能成为减轻或免除相应刑事责任的理由，此种行为在刑法理论中被称为"原因自由行为"，指的是原本有刑事责任能力的人，因某种原因陷入了无刑事责任能力状态而实施了犯罪行为，但陷入无刑事责任能力状态的原因是其自身意志可以决定的。因此，希望大家量力而行，切勿酒后冲动、乐极生悲，酒醒后徒留悔恨。

天上不会掉馅饼

——赵某帮助信息网络犯罪活动罪案

◎王保崇 *

近年来，我国经济快速发展，电信、网络科技等行业的进步势如破竹，在颇多高精尖技术方面我国都取得了世界领先的地位。但在社会经济繁荣发展、高楼林立的背后，利用网络技术与电信技术实施的网络赌博、诈骗等犯罪行为也如同阴影下的顽疾般迅速蔓延，荼毒着社会，成为影响经济社会稳定发展的一大因素。而不少涉世未深的青少年在各种诱惑面前缺乏辨别能力，稍有不慎就有可能堕入犯罪的悬崖。

一、陷入网赌套路，假作真来真亦假

2020 年 8 月 26 日 16 时 40 分，南阳市仲景派出所的民警正在整理本月多起电信诈骗案件的卷宗材料，一个略带哭腔的声音划破了短暂的宁静："我攒的钱好像被骗了，我想报案。"听到有人报案，两位民警放下手中的案卷，将这名女子带进了接待室。

* 广东普罗米修（南阳）律师事务所执行主任；电子邮箱：965014794@qq.com。

询问中得知，报案女子名叫钱某，2020 年 8 月 1 日，钱某在手机上的一款交友软件中认识了一名自称来自福建厦门的男子孙某并添加了孙某的微信。在聊天过程中，钱某逐渐对孙某产生了些许好感。8 月 4 日，孙某告诉钱某其工作是在一个名为澳门威尼斯人的赌博网站做后台维护，熟知该网站运作方式，可以帮助钱某从中获利，轻松赚大钱。钱某一开始对此是有所防备的，但转念一想，如果自己只是去玩玩，不向网站充钱就没事。抱着试一试的心态，钱某接受了孙某的邀请，利用孙某提供的账户登录了该赌博网站并按照孙某的指示进行下注，随着钱某每次游戏都能赢钱，她逐渐相信了孙某是网站内部人员的身份。8 月 5 日，孙某游说钱某在网站开通自己的账户，挣的钱钱某可以随意拿走。钱某以自己没钱为由拒绝，孙某便承诺给钱某注册的账户上充值 520 元的启动资金，于是钱某不再推托。待钱某赢了数千元后，孙某主动提出让钱某去提现，钱某半信半疑地分别提现了 700 元、1750 元，居然都直接转入了钱某的银行卡内，钱某内心一阵窃喜：看来这次遇到了贵人，赚钱的机会来了！随后，放下戒备的钱某又往账户中分别充值了 1700 元、300 元。8 月 6 日，钱某又陆续充值了 1600 元、3000 元、3000 元和 2000 元。在向网络平台进行了数笔转账后，钱某在游戏里赢得也越来越多，当钱某准备再次提现时，这次在网站上她却没有找到任何关于提现的选项，慌乱中钱某急忙联系孙某，却发现孙某也与其断了所有联系。此刻钱某幡然醒悟，意识到原来自己遇到了诈骗，慌忙赶去派出所报案，于是便有了开头的一幕。

二、十六岁迷途少年落网

公安部门于 2020 年 8 月 28 日开始对该起网赌诈骗案件立案侦查。

根据被害人提供的线索，公安部门查到包含钱某转出款项在内的大量资金都流入了一个户名为李某的农业银行账户中，接着资金又从李某的账户流转至周某（另案处理）的账户内。警方顺藤摸瓜，通过调查信用卡实名信息锁定了犯罪嫌疑人周某的信息与位置。

2021 年 1 月 9 日，周某在浙江省某工业园区内被河南省南阳市警方抓获，因涉嫌帮助信息网络犯罪活动罪被刑事拘留。2021 年 1 月 22 日，在南阳市宛城区人民检察院作出不批准逮捕的决定后，周某被南阳市公安局仲景分局依法取保候审、释放。

按照周某的供述，警方锁定了周某的上线，收卡人赵某（也就是笔者的当事人）。2022 年 1 月 2 日警方在湖北省武汉市某地将赵某抓获并于当日依法取保候审。2022 年 1 月 10 日，赵某的案件侦查终结，移送到了南阳市宛城区人民检察院进行审查起诉。正是在赵某马上就要面临起诉的这个节骨眼上，笔者正式介入了赵某帮助信息网络犯罪活动罪一案。

三、一位哽咽的母亲

依稀记得那是一个天色昏沉的傍晚，偌大的律所只剩笔者独自一人，带着案牍劳形的疲倦站在窗前眺望着天空，本就不太光亮的夕阳漫布了一层黑云，打开窗户，低沉的气压、潮湿的空气扑面而来，确有一种“溪云初起日沉阁，山雨欲来风满楼”的感觉，头顶的乌云好似也带着“黑云压城城欲摧”的气势，压得人喘不过气。正思索明天的庭审案件辩护词该怎么完善时，一阵急促的敲门声将笔者的思绪拉回到了现实。

打开门，一位中年女子焦急又不知所措地看着笔者，操着浓重的湖北口音问道："这里是律师事务所吗？我孩子被警察从湖北抓到河南了，今天检察院通知来河南，你们能帮帮我们吗？我不知道该怎么办了。"

笔者听罢立即请她进来坐下并为她倒了一杯热水，说道："这里就是律师事务所，我就是负责刑事辩护的律师，您别急，慢慢说。"安抚好她的情绪后，笔者让她把事情详细讲一下，同时拿出纸笔认真地开始记录。

"请问您是遇到了什么情况？"

"我姓陈，有一天我跟我儿子赵某在一起吃饭，忽然他接到了一个电话，好像是派出所的，说什么让他过去配合调查一个案子，我陪他一起去的，到了之后他就被警察带走了。"

"您知道警方当时说他涉嫌的罪名和具体案件情况吗？"

"好像叫帮助信息网络犯罪活动罪，具体情况我真的什么也不清楚，孩子很少跟我们说他自己的事。"

"现在他的司法程序进行到哪一步了？有没有被羁押？"

"办案警察告诉我现在侦查终结了，案件材料已经移送到宛城区检察院准备起诉，他现在没有被关押，取保候审了。"

笔者接着问道："那您目前有没有咨询过其他律师或者委托过其他辩护人？"

"都没有，我们一家人常年在外务工，家里经济状况很有限，孩子刚毕业忽然遇到这种事，我感觉家里天都塌了。"只是几句惯常的询问，这位母亲却几度哽咽。一个刚走出校园的懵懂少年，即将承担起对社会的责任，背负起家庭的重担，带着亲朋好友的期望迎接属于自己的光明未来时，转瞬却跌入刑事犯罪的深渊，不难想象这对于一个家庭来说是怎样的一种毁灭性的打击。看着这位泣不成声的母亲，笔者不禁自我代入：倘若某天我也涉嫌了刑事犯罪，我的母亲在外如此悲伤又无助，我该多希望有人能伸出援手，挽救我的家庭于水火之中。联想至此，或是带着对天下母亲“爱子心无尽”的感慨，在了解了赵某的基本情况后，笔者决定接受这位母亲的委托，成为赵某的辩护人。

四、办公室内的初次会见

接受陈某委托后，笔者立即将委托情况告知了宛城区人民检察院，并提交了相关委托手续。

随后，笔者让陈某尽早带赵某与笔者会见。作为一名从事刑事辩护工作多年的刑辩律师，笔者知道面临刑事处罚对于一个成年人而言都是一种令人肝肠寸断、无法承受之重，何况是一个十几岁的孩子，尽早与赵某谈一谈也能尽量减轻他的精神压力和心理负担。

经过了一段时间的前期准备工作，在办公室内笔者终于第一次见到了赵某：消瘦的颧骨上还留着几道泪痕，稚嫩的脸庞透露着青涩的校园气息。刚开始谈话笔者并没有直入主题，而是问了他这几天的生活情况以及精神状态，并告诉赵某笔者是他的母亲陈某委托的辩护律师，是来帮助他的。听到母亲的名字，赵某的眼泪夺眶而出，瞬间哭得泣不成声。一番安慰过后，赵某惶恐又害怕的情绪也慢慢缓和了下来，告诉笔者被警方带走后的这些天他整日以泪洗面，自己也没想到做的那些事会如此严重。赵某仿佛抓着救命稻草般不停地问：“王律师，我是不是真的要坐牢了？”“像我这样的情况要判多久？”“我以后生活有什么影响？能不能帮我渡过这个难关？”笔者无法正面给予赵某这些问题的答案，只能回复道：“作为律师，我们无法承诺受托案件的结果，但我相信每一个律师都会竭尽全力地帮助他的当事人。现在你要做的就是把案件经过全部告诉我，好吗？”赵某点了点头，擦干了眼泪，向笔者讲述了整起案件的缘由：

2020 年 6 月，赵某通过朋友认识了冯某，冯某以“大哥”的身份经常带赵某等人出入桌球厅、网吧、酒吧等娱乐场所，逐渐拉近与赵某等人的关系。2020 年 7 月中旬，冯某找到赵某和周某，询问其二人是否愿意以个人名义办理银行卡卖给冯某，并承诺每张银行卡给予 1200 元的费用。在利益的驱使下，赵某率先办理了一张农业银行的银行卡，以 1200 元的价格卖给了冯某，而后周某的银行卡通过赵某转交给了冯某。两个月后，赵某觉得事有不妥，主动注销了自己名下的该银行卡。

听罢赵某的叙述，笔者多少松了一口气，心里也有了大致的辩护方向。笔者告诉赵某，不要过于紧张，我和他的家人都会尽全力帮助他。结束会见，送走赵某母子后，笔者便独自回到办公室，开始研究案情。

五、抓住关键，精准发力

在太阳的一轮东升西落中，笔者认真地查阅了所有案卷材料，收集了全国的类似案例，整理了很多相关的判例、法条适用与司法解释，同时也向笔者的委托人陈某了解了赵某的社会背景、成长经历等信息。笔者兴奋地发现，本案赵某存在自首情节且系未成年人，犯罪情节显著轻微、危害不大，符合不起诉的相关法律规定，如果往这三个方向努力，也许真的有机会让赵某免受牢狱之灾，并且不会给他的人生留下污点。

第二天，笔者作为赵某的辩护人向宛城区人民检察院提交了本案的不予起诉法律意见书，主要意见摘录如下：

第一，本案犯罪嫌疑人赵某存在自首情节。

本案于 2020 年 8 月 28 日由南阳市公安局宛城区公安分局立案，经侦查，犯罪嫌疑人赵某出售自己银行卡的时间即犯罪时间是 2020 年 7 月中旬，此时赵某仅 16 岁且系正在高中就读的在校学生。

证据卷第 57 页显示赵某的到案方式为“电话联系到案”，到案过程为“2022 年 1 月 1 日 17 时许，南阳市公安局宛城区公安分局民警在获得犯罪嫌疑人赵某在湖北省武汉市工作的具体地址后，在武汉市电话联系赵某，赵某配合到案。后民警将涉嫌帮助信息网络犯罪活动罪的赵某传唤至派出所接受调查。在到案过程中赵某始终予以配合，没有抗拒、逃跑行为。”

证据卷第 12~17 页显示，2022 年 1 月 1 日犯罪嫌疑人赵某到案后，侦查机关对其讯问一次，赵某在侦查机关讯问时如实供述了自己的犯罪行为，赵某的供述和本案其他证据能够相互印证。

从以上赵某的到案情况来看，符合《刑法》及相关司法解释中关于自首的规定。犯罪嫌疑人经过口头或者电话传唤到案后，主动到案，如实供述自己的犯罪事实，认定为自首，目前已经成为司法实务中的通行观点。对于经公安机关传唤到案，并如实供述自己罪行的是否应认定为自首，关键在于犯罪嫌疑人经传唤到案是否属于自动投案。根据最高人民法院《关于处理自首和立功具体应用法律若干问题的解释》第 1 条第 1 项的规定，自动投案，是指犯罪事实或者犯罪嫌疑人尚未被司法机关发觉，或者虽被发觉，但犯罪嫌疑人尚未受到讯问、未被采取强制措施时，主动、直接向司法机关投案。犯罪嫌疑人经公安机关口头传唤到案的情况，符合上述《关于处理自首和立功具体应用法律若干问题的解释》的规定，应视为自动投案。首先，传唤不属于强制措施。被传唤后归案符合《关于处理自首和立功具体应用法律若干问题的解释》第 1 条第 1 项规定的“尚未受到讯问、未被采取强制措施”的时间范围。传唤和拘传不同，传唤是使用传票通知犯罪嫌疑人在指定的时间自行到指定的地点接受讯问的诉讼行为，它强调被传唤人到案的自觉性，且传唤不得使用械具。而拘传则是强制犯罪嫌疑人依法到案接受讯问的一种强制措施。通常情况下，拘传适用于经过依法传唤，无正当理由拒不到案的犯罪嫌疑人。可见，传唤与拘传有着本质的不同，法律并未将传唤包括在强制措施之内。其次，经传唤归案的犯罪嫌疑人具有归案的自觉性和主动性。犯罪嫌疑人经传唤后，自主选择的余地还是很大的，其可以选择归案，也可拒不到案甚至逃离，而其能主动归案，就表明其有认罪悔改、接受惩罚的主观目的，即具有归案的自觉性和主动性。

综上，本案犯罪嫌疑人赵某被公安机关电话传唤后直接到案，并如实供述自己的罪行的，应当认定为自首。

第二，本案犯罪嫌疑人赵某对其行为的违法性缺乏认识，无犯罪的主观故意且犯罪情节轻微。

本案涉嫌的罪名是帮助信息网络犯罪活动罪，该罪是2015年《刑法修正案（九）》新增设的罪名，属新型犯罪。该罪系故意犯罪，犯罪构成要求行为人具有主观故意。犯罪嫌疑人赵某实施行为时年仅16岁，且系高中在校学生，由于我国对高中阶段以下的学生实行的是封闭式管理，致使学生对社会接触较少，对社会上复杂的事情特别是新型违法犯罪活动缺乏认识，面对社会上违法犯罪分子用金钱诱惑欺骗时难以对是非作出正确的判断。在证据卷第16页，侦查人员问："你是否知道冯某要你们的手机卡和银行卡等是干什么用的？"赵某回答："当时我没有想。后来我知道冯某是收卡给别人用于诈骗转钱用的。"从以上问答可以看出，赵某将自己的银行卡出售给冯某时，对该行为缺乏违法性认识和犯罪主观故意，这从其后来（卡出售后两个月）主动注销银行卡的行为也可以得到印证，主动注销银行卡的行为同时也说明了赵某对违法犯罪行为的拒绝。

本案中赵某仅向冯某出售自己的银行卡一张，非法获利仅1200元，银行流水金额不高，按照相关司法解释的规定尚未达到犯罪的金额，属犯罪情节显著轻微。

我国对未成年人犯罪的处理原则是实行教育、感化、挽救的方针，坚持教育为主、惩罚为辅的原则。《人民检察院办理未成年人刑事案件的规定》第26条规定："对于犯罪情节轻微，具有下列情形之一，依照刑法规定不需要判处刑罚或者免除刑罚的未成年犯罪嫌疑人，一般应当依法作出不起诉决定：……（六）有自首或者立功表现的；……"《未成年人刑事检察工作指引（试行）》第176条规定："对于犯罪情节轻微，具有下列情形之一，依照刑法规定不需要判处刑罚或者免除刑罚的未成年犯罪嫌疑人，一般应当依法作出不起诉决定：……（六）有自首或者立功表现的；……"以上规定也都体现了这一原则。

综上，犯罪嫌疑人赵某缺乏违法性认识，无犯罪的主观故意，不构成帮助信息网络犯罪活动罪。即使按照司法解释的规定推定其具有明知，由于其犯罪金额不高、非法获利极低，应属犯罪情节轻微。

第三，犯罪嫌疑人赵某及家属已将非法获利的1200元退给了公安机关。

2022年2月赵某及父母接到通知后，及时赶到指定机关，遵守取保候审的规定，同时赵某将自己的非法获利1200元上交给了侦查机关。

六、律检合力，为未成年人保驾护航

检察机关在刑事诉讼中主要负责刑事案件的审查逮捕和审查起诉，代表国家履行指控犯罪的公诉职责。与检察机关的沟通也主要围绕这两个诉讼阶段进行，能否与检察机关进行有效的沟通，会直接影响这两个阶段的处理结果。

针对本起案件，在不予起诉法律意见书递交至检察院后，笔者并没有采取常规的电话、书面等形式与检察机关进行交流，而是希望直接面见承办检察官，当面表达笔者的观点及剖析焦点问题，这样既能体现我方真诚的沟通态度，也能更加明确、完整地交流案件证据、事实、情节等相关重要问题的法律适用意见。

某日上午，笔者如约面见了承办检察官。首先，笔者向检察官百忙中抽出宝贵时间表达了感谢，检察官也表示因该起案件涉及未成年人犯罪而高度重视。双方认为，如今未成年人犯罪已经成为一个亟须重视和切实治理的社会问题，未成年人的犯罪行为虽然普遍没有成年人犯罪的后果严重，但是对社会造成的根源性压力却是沉重的，未成年人是未来社会的中流砥柱，是社会发展、国家建设不可或缺的一部分，是民族复兴的源泉、家庭希望的寄托，也是影响当今社会和谐发展的重要因素之一，未成年人能否健康地成长，能否成为一个有理想、有道德、有文化、有纪律的“四有”公民，不仅关乎着中国亿万家庭的幸福，更关乎着国家、社会的未来。本着教育为主、惩罚为辅的原则，对未成年人犯罪实施教育、感化、挽救的方针，笔者将如下几点意见与本案承办检察官进行了深入交流：

1. 本案从犯罪性质上看是一起新型的犯罪，是近几年随着社会的发展，特别是网络科技的发展催生出来的新型犯罪，在《刑法修正案（九）》出台之前并未将其纳入犯罪的打击范围之内。正是由于其新，近几年该类案件高发，究其根本还是普通人对其违法性缺乏认识，这一点很多成年人都辨别不准，何况一个仍在读书的未成年人，故本案中我们对赵某存在犯罪主观故意的认定上应秉持极其谨慎的态度，坚持严格的证明标准。

2. 通过与当事人及其父母的进一步沟通，笔者了解到，赵某目前已经报名本年度的征兵工作，一个希望去保家卫国、戍守边疆的人，必定是一个有国家荣誉感、集体责任感、家庭责任感的人，说明他本性非恶，是一个可塑之才。

3. 到了可以分担家庭重担的年纪，赵某也理所当然地希望能够通过力所能及的方式获得一些收入补贴家用，但作为一个高中刚毕业的学生，他社会阅历有限、防范意识不强，寻求收入来源的过程中很难发现其中隐藏的法律风险。同时，这样的心理和身份也给了不法分子蒙骗、诱骗甚至强迫其从事违法犯罪活动的可乘之机。

4. 检察官与笔者都是为人父母的身份，作为父母，我们深知孩子是家庭的希望所在，如果赵某真被戴上了罪犯的头衔，毁掉的不仅是一个家庭，可能是数个家庭。人非圣贤，孰能无过，孩子在成长的过程中难免会犯错，作为父母和承办案件的司法机关，是否能对犯错的孩子给予一定程度的宽容，予以其改过自新的机会？及时教育，尽早将孩子拉回正途，可避免毁其一生。

经过几番深入的探讨，本案的承办检察官对笔者的观点及法律适用意见给予了高度认可。本次会面也成功宣告结束。回到办公室，笔者拨通了陈某的电话，将与检察机关面谈的过程告诉了她。听到检察机关对笔者的意见高度认可，陈某和赵某也松了一口气。

七、守得云开见月明

在笔者接手本案件一个月后，终于迎来了云开雾散的时刻。2022 年 4 月 25 日，宛城区人民检察院作出不起诉决定书，“决定”部分如下：

本院认为，被不起诉人赵某实施了《中华人民共和国刑法》第二百八十七条之二规定的行为，但犯罪情节轻微，具有认罪认罚、犯罪时系未成年人的从轻、减轻处罚情节，不需要判处刑罚，根据《中华人民共和国刑法》第三十七条的规定，可以免予刑事处罚。依据《中华人民共和国刑事诉讼法》第一百七十七条第二款、《未成年人刑事检察工作指引（试行）》第一百七十六条的规定，决定对赵某不起诉。

收到不起诉决定书后，笔者立即将此消息电话告知了委托人陈某，听闻赵某没有被起诉，陈某声泪俱下地说着感谢，并准备书写感谢信、制作锦旗。笔者都一一婉拒了。这是笔者的职责所在，况且能够帮到这样的孩子与这样的家庭，笔者内心也是十分的欣慰。

八、律师手记

近年来，网络的高速发展为广大人民群众带来了很多便利，但信息网络犯罪行为也与日俱增，如通过网络交友、网络赌博骗取钱财，或是出卖自己办理的社交平台账号、手机卡与银行卡（俗称“两卡”）以谋取利益。出借、出租、出售、买卖“两卡”，很可能会被犯罪分子用于实施电信诈骗、开设网络赌场等信息网络犯罪活动，而出借、出租、出售、买卖“两卡”的人员也将沦为犯罪分子的“帮凶”，涉嫌帮助信息网络犯罪活动罪，掩饰、隐瞒犯罪所得罪等。根据最高人民法院、最高人民检察院、公安部、工业和信息化部、中国人民银行联合发布的《关于依法严厉打击惩戒治理非法买卖电话卡银行卡违法犯罪活动的通告》的规定，对公安机关认定的出租、出售、出借、购买银行账户或者支付账户的单位和个人及相关组织者，假冒他人身份或者虚构代理关系开立银行账户或者支付账户的单位和个人，将采取多种惩戒措施。

希望每一个公民能增强防范意识，不出租、出借、出售个人信息、证件及各类账户，不要以身试法，一旦留下案底将会对个人和家庭都产生重大影响。最后，奉劝与本案中赵某情况相似的青少年切勿轻信网络中挣快钱的方法，借用革命先驱李大钊同志说过的话："凡事都要脚踏实地去作，不驰于空想，不骛于虚声，而惟以求真的态度作踏实的工夫。以此态度求学，则真理可明；以此态度做事，则功业可就。"

协助签证不慎获刑，析毫剖厘终获清白

——黄某某出售出入境证被宣告无罪案

◎黄军明* 王 羽**

改革开放以来，中国始终站在时代浪潮之尖，以开放、包容天下的胸襟，深化与周边国家的睦邻友好关系，促进国际交往，促进国际友谊发展，为世界和平稳定、协作发展作出了巨大贡献。为了应对复杂的国际局势，加强人员出入境管理也成了主管机关的常态化工作，以司法手段打击出入境领域违法犯罪行为成为一项重要的管理手段。同时，司法机关要正确理解出入境政策，严格区分出入境管理工作中的罪与非罪，保证《刑法》的准确实施。

一、一审被判有罪被囚禁，紧急求援律师

2022 年国庆节假期中的一天，笔者正在外地休假，突然电话铃声响起，打破了假日的宁静，来电显示为一个深圳的陌生电话号码。笔者接

* 广东普罗米修律师事务所创始合伙人、执行主任；电子邮箱：13713579167@163.com。

** 广东普罗米修律师事务所专职律师；电子邮箱：313525618@qq.com。

听了电话，电话的那头是一个带着浓重的客家口音的老年女声，自称姓肖，是通过朋友知道了笔者的电话号码。肖阿姨在电话中称，其女儿被深圳市南山区人民法院判刑关押起来了，其独自带着6岁的外孙女，外孙女很可爱，但每天问妈妈哪去了，肖阿姨也无言以对；肖阿姨希望笔者能够伸出援助之手，帮帮她女儿。听着那边焦急的声音，笔者连忙安慰她，并让她不要着急，把事情详细叙述。

原来，肖阿姨的女儿黄某某是深圳几家公司的老板，在深圳蛇口经营外贸生意。2021年6~9月，黄某某以深圳市 ×× 实业有限公司等3家公司的名义，代VXX、AXX、GXX等5名外国人办理商务签证延期事务，先后7次向深圳市出入境管理部门提供情况说明、担保函，收取了8500元的费用。其中有2人各成功办理签证1次，其余5次签证申请未能通过审查。

深圳市南山区出入境管理部门在查处外国人非法居留事务时发现了黄某某的上述行为，前期把黄某某当作证人要求其配合调查，后对黄某某的行为进行了刑事立案，侦查终结后移交深圳市南山区人民检察院审查起诉。深圳市南山区人民检察院审查后起诉至深圳市南山区人民法院。经一审审理，黄某某于2022年8月9日被深圳市南山区人民法院以出售出入境证件罪判处有期徒刑1年4个月，并处罚金1万元。

听了肖阿姨的介绍，笔者觉得这个案件即使上诉希望也不大，于是委婉地说："阿姨，您女儿的这个案件，判得也不太重，上诉不一定会改判，更何况请律师也需要支出律师费用。"肖阿姨说："这个案件女儿已经提交了上诉状，原来的律师也建议我另外请一个好律师，我听了朋友对您的介绍，相信您一定可以帮助我，请您一定要帮我，不管结果如何！"考虑到律师的责任所在，笔者答应休假结束回深圳后详细了解案件情况再做决定。

二、担道义接受委托，梳案情寻找方向

回到深圳后，笔者约见了肖阿姨。经过深度交流和慎重考虑，肖阿姨决定委托笔者担任其女儿涉嫌买卖出入境证件罪一案二审的辩护律师。

肖阿姨向笔者提供了手头上的一些案件资料。

笔者向二审法院深圳市中级人民法院提交了委托手续，并申请了阅卷，取得了一审的庭审录像。经查看一审庭审录像，笔者发现一审庭审过程十分简单，由于一审之前当事人黄某某作了认罪认罚，对于构成犯罪不持异议，因此庭审前后仅用时 10 分钟不到。

笔者去看守所会见了黄某某。黄某某觉得被判重了，她感觉自己的行为其实并没有什么社会危害性，只是帮助几个有业务联系的外国人代理签证续期申请，虽然出具的有关材料有一些不太符合真实情况，也收取了一点费用，但是双方都没有异议，其收取的费用也不高，仅可弥补误工费用。其原来是作为公安机关的证人配合调查的，后来不知为何就被刑事立案了。一审时，经过与原来的辩护律师商量，决定认罪认罚，本以为可以得到缓刑判决，没想到被判了实刑。她提交了上诉状，但同仓监友都认为改判的希望几乎没有，因此她的心情极度低落。

阅卷后，笔者对类案进行了检索。笔者发现，此类犯罪在经济发达的一线城市比较多发，多见的是通过代为办理出入国境，或者出入港澳地区的签证而收取一定金额报酬的行为，且绝大部分构成犯罪。通过研究《刑法》的相关条文，笔者发现《刑法》对出售出入境证件罪的规定中，犯罪对象是“证件”，本案并没有出售证件行为，笔者认为，根据罪刑法定原则，应该不构成犯罪。法律规定、法律理论与现状的冲突，

就好像是重重迷雾笼罩了道路，一时让人犯了愁。如何找到本案突破的方向？笔者不禁陷入了沉思。

三、坚定信念不畏难，拨开迷雾见曙光

是放弃还是坚定抗争？这是摆在刑事辩护律师面前的常见问题。一个优秀的刑事辩护律师，要具有敢于冲突迷雾表象、坚定追求法律真义的精神和特质。

司法实践中类似指控均被构成犯罪，本案一审判决也认定其构成犯罪。但根据《刑法》的本罪罪状的规定，笔者认为，本案当事人的行为应该不构成犯罪。笔者认为，应该严格秉持罪刑法定原则，坚持刑法的谦抑性原则，黄某某帮助几个外国人办理签证延期而收取一定误工费用的行为应该是无罪的。但如何说理才能让法官采纳呢？

笔者进行了深入的思考，刑事辩护的魅力在于它并非简单机械地套用法律规定，而是需要辩护律师以强烈的正义感为基础，在深入领会立法本意和了解事实的前提下，把握案件细节，灵活运用法律知识和辩护技巧，不断提炼和突出对当事人有利的情节，为被告人争取合法权益。

结合本案情况，笔者向本案件二审合议庭提出了如下辩护意见：

（一）关于对公诉机关所指控的黄某某行为事实的意见

对于公诉机关指控的黄某某为帮助 VXX、AXX、GXX 等 5 名外国人办理商务签证延期，以深圳市 ×× 实业有限公司等 3 家公司的名义，7 次向深圳市出入境管理部门提供情况说明、担保函的事实没有异议，但对于以下两事实存在异议：一是提供的担保函及情况说明属于虚假；

二是获利金额8500元。

1. 担保函是根据《出境入境管理法》第32条、深圳市公安局《延期、换发M字签证业务指引》第3条第1款第4项规定的“当地邀请单位或个人出具的证件函件（深圳邀请单位出具的《申请签证证件的证明（担保）函件》)”所出具的文件，是邀请主体对相应外国人的申请签证行为承担法律责任和义务的意思表示，该文件一经递交给出入境管理机关即具有法律效力。该文件所表达的意思表示存在是否有效的区分，不存在虚假之说，公诉机关定性涉案担保函为虚假与法理不符，没有事实与法律依据。

2. 关于情况说明，黄某某为涉案外国人7次申请延期、换发M字签证的申请行为提供代办或者协助的过程中，仅提供了2份情况说明，分别是2021年9月27日为VXX、AXX、GXX出具，2021年9月26日为KXX、AXX出具。根据深圳市公安局《延期、换发M字签证业务指引》第3条第1款第5项之规定，情况说明系“本人商贸活动证明”的一种，规定中并未就该“商贸活动”究竟属于已经从事或者未来计划从事的活动进行明确。从两份情况说明的内容和用语看，其表达的主要意思是××实业有限公司向出入境管理部门为涉案外国人提出申请贸易签证（延期）意思表示，并对涉案外国人在国内的业务开展情况（或者计划）进行大致说明。结合有关外国人的陈述，他们均与黄某某或黄某某的公司存在信息咨询、翻译、税务筹划服务等商务交集（见证据卷二第59、88页等），同时不能排除黄某某及相关公司与涉案外国人在今后有从事情况说明中提及的业务的计划，因此不能得出黄某某出具的两份情况说明为虚假的结论。

3. 公诉机关指控黄某某获利8500元不符合事实。首先，黄某某为涉案7次申请提供协助合计收取的金额为7000元；其次，该7000元不能认定为获利，因为黄某某为涉案外国人申请签证提供了一系列的服务，包括亲自前往向出入境管理部门了解申请规定，获取规定的表格、填写相关表格等，不仅支出了交通费用，还花费了时间，消耗了公司资源，这些都有成本，扣除相应成本之后根本没有利润。

（二）关于本罪的客观方面及犯罪对象的理解，黄某某的行为不符合出售出入境证件罪的客观方面要件

《刑法》第320条对于“出售出入境证件罪”的罪状的规定是“出售护照、签证等出入境证件”，行为人必须同时包含以下两个要件才能视为符合本罪的罪状规定：一是行为人出售的对象（即犯罪对象）是“护照、签证等出入境证件”。二是行为人必须有出售行为。辩护人认为，首先，黄某某未向涉案外国人提供“护照、签证等出入境证件”，黄某某向五名外国人提供的担保函及情况说明不属于出入境证件；其次，黄某某无出售行为。

1. 黄某某未向外国人提供“护照、签证等出入境证件”。

（1）《出境入境管理法》第24条规定：“外国人入境，应当向出入境边防检查机关交验本人的护照或者其他国际旅行证件、签证或者其他入境许可证明，履行规定的手续，经查验准许，方可入境。”因此，黄某某提供的担保函及情况说明不属于护照和签证，也不属于外国人出入境时需要交验的证件，担保函及情况说明不符合《刑法》第320条规定的犯罪对象要件。

（2）黄某某提供的担保函及情况说明也不属于最高人民法院、最高人民检察院《关于办理妨害国（边）境管理刑事案件应用法律若干问题的解释》（以下简称《国（边）境司法解释》）规定的出入境证件。《国（边）境司法解释》）第3条第1款规定：“刑法第三百二十条规定的‘出入境证件’，包括本解释第二条第二款所列的证件以及其他入境时需要查验的资料。”而《国（边）境司法解释》第2条第2款规定如下：

"刑法第三百一十九条第一款规定的'出境证件'，包括护照或者代替护照使用的国际旅行证件，中华人民共和国海员证，中华人民共和国出入境通行证，中华人民共和国旅行证，中国公民往来香港、澳门、台湾地区证件，边境地区出入境通行证，签证、签注，出国（境）证明、名单，以及其他出境时需要查验的资料。"从字面和文义上进行对照和解释，可以毫无疑义地得出结论：担保函及情况说明不属于司法解释列明的出入境时需要查验的证件范围。

（3）关于担保函及情况说明不属于出入境证件的理解有法规依据。首先，担保函及情况说明均是根据《出境入境管理法》第32条规定的"在中国境内居留的外国人申请延长居留期限"应当提交的"相关材料"；其次，深圳市公安局《延期、换发M字签证业务指引》对《出境入境管理法》第32条规定的"相关材料"进行了细化，《延期、换发M字签证业务指引》第3条第1款第4项、第5项分别规定了"当地邀请单位或个人出具的证件函件（深圳邀请单位出具的《申请签证证件的证明（担保）函件》）""本人商贸活动证明"，对应的即担保函及情况说明。因此从特别法的规定及相关办事规则的角度看，担保函及情况说明这两份材料均并非"出入境证件"，仅属于申请延长居留期限的相关材料。

（4）应该准确理解"出售出入境证件罪"所保护的法益范围。首先，本罪隶属于《刑法》分则第六章第三节"妨害国（边）境管理罪"，该节之下的6个罪名及罪状均指向"国（边）境管理"，因此，本节条文的罪名及相应打击范围均应隶属于"妨害国（边）境管理"事项之下。其次，《出境入境管理法》对于什么是外国人入境出境事务有界定，该法是对外国人出入中国国（边）境和在中国境内居留、停留进行规范的特别法，具有优先适用的地位和效力。该法以第三章"外国人入境出境”和第四章“外国人停留居留”对外国人入境出境事务的管理与外国人在中国境内停留居留事务的管理进行分列，说明两者属于不同的事项。涉案外国人对黄某某提供的担保函及情况说明等材料的用途是办理延长居留期限使用，并非为了达到涉案外国人出入国（边）境的目的，其所申请的签证应属于外国人停留居留证件，不属于出入境证件，因此黄某某提供的担保函及情况属于为申请外国人停留相关的证件，不能算是与出入境证件相关的材料。关于前述观点，亦可参考贵院已经生效的（2010）深中法刑一终字第94号刑事裁定书（见证据材料2）的裁判精神，该判例明确：涉案证件“不能进入香港或其他任何境外地区，该证不属于出入境证件”。本案所涉及的黄某某为外国人提供的相关申请材料，仅用于申请延长居留期限的签证，明显并非用于出入境使用，同样不属于出入境证件。

（5）从司法实践看，类似以提供办理商务签证所需材料收取费用而构成本罪的案件判例，所涉及的签证均具有出入国（边）境的功能，当事人使用相关签证的目的即为出入国（边）境，与本案所涉外国人申请延长居留签证的目的明显不同（详见辩护人提交的证据材料4）。

2. 黄某某为涉案外国人提供担保函及情况说明并收取少许费用的行为不构成“出售出入境证件”之出售行为。

（1）所谓出售，属于市场经济条件下的交换行为，牟利性是出售行为的必要特征。黄某某向涉案外国人提供担保函及情况说明并收取极低金额的费用（每人次不超过1500元），根本不存在赚取利润的空间（详见前文第1条第3项论述），无法认定存在牟利目的，黄某某提供担保函及情况说明而收取的费用缺乏牟利性，不符合出售行为的特征。根据深圳市中级人民法院已经生效的同罪名判例，构成出售出入境证件罪的出售价格均在最低价格10,000元/份，甚至达到29,800元/份（详见辩护人提交的证据材料 4）。

（2）黄某某向涉案外国人收取必要的成本费用并不违反法律的禁止性规定。黄某某为外国人提供帮助和代办为我国法律所许可。深圳市公安局在其网站中《关于外国人延期、换发 M 字签证业务指引》中关于“申请方式”的规定明确指出：“具有下列情形之一的，可由申请人的邀请单位或个人代办：（三）邀请单位对外国人在中国境内期间所需费用提供保证措施的……”本案中，黄某某正是根据前述规定为涉案外国人提供代办服务，具体服务内容包括亲自前往出入境管理部门大厅咨询和领取表格、提供担保函及情况说明并在《外国人签证证件申请表》的代办人签字处加盖特定公司公章等。法庭需要特别关注如下情况：一是黄某某与涉案外国人在提供签证代办事宜之前均有商务业务交集；二是黄某某与涉案外国人约定的是不论签证是否成功，按次数收取不超过 1500 元 /（次・人）的跑腿及成本费用，该费用应该解读为代办服务费用，不具有违法性，不能因此归罪。具体可参考贵院（2013）深中法刑一初字第 38 号刑事判决书（辩护人提交的证件材料 3）。

（三）黄某某在主观方面不具有出售出入境证件的故意

1. 黄某某提供担保函及情况说明的对象在此前均与黄某某有业务上交集（如提供咨询、翻译、税务咨询服务、帮忙联系业务等，见证据卷二第 59、88、111、145、157 页）。黄某某作为从事涉外商业运营的经营者，提供相关材料的目的并非以出售特定文件获取利润，而是为了深化或者促进有关业务的开展，并非为获利而向特定外国人售卖相应文件，黄某某主观上不具有通过出售获利的故意。双方就黄某某协助进行延期签证申请达成一致的动机和出发点是善良的，是符合法律体系的促进交易、促进对外交往和跨国友谊的法治价值的，原审该行为定罪与法治的价值相悖。

2. 黄某某的行为并非向特定外国人提供证件的行为，更遑论是出售出入境证件。《现代汉语词典》把"证件"解释为"证明身份、经历等的文件，如学生证、工作证、毕业证书等"，本案所涉的担保函及情况说明明显不属于通常人可以理解为"证件"的范畴；《出境入境管理法》和深圳市公安局《延期、换发M字签证业务指引》把担保函及情况说明列为申请签证延期的"相关材料"，也非直接等同于签证等证件。原审把本案所涉担保函及情况说明认定为《刑法》第320条规定的"出入境证件"不仅在逻辑上行不通，在法理上也无法自圆其说（详见本文第2条第1款之论述），让作为普通人的黄某某认识到提供担保函及情况说明的行为即为提供出入境证件明显欠缺期待可能性，不能因此归罪黄某某。由黄某某提供担保函及情况说明的行为不能推断黄某某具有出售出入境证件的主观故意。

（四）关于对黄某某违法行为的定性及处罚之法律准绳的确定

诚如前文分析，对黄某某提供担保函及情况说明的行为以出售出入境证件罪判处欠缺刑法依据，不符合罪刑法定之基本原则。辩护人认为，黄某某的行为即使存在不当，其在为外国人出具担保函及情况说明的过程中存在疏忽，提供的相关材料有瑕疵，适用《出境入境管理法》第74条[1]之规定更为合适，对其进行行政处罚即可达到对相应法益的保护。原审对于黄某某是否提供出入境证件的事实在认识上存在根本错误，原审把担保函及情况说明认定为出入境证件亦属于对《刑法》规定的明显过度扩大解释，是在法律认识上根本错误的表现，明显违反了《刑法》第3条"法律明文规定为犯罪行为的，依照法律定罪处刑；法

[1] 《出境入境管理法》第74条第1款规定："违反本法规定，为外国人出具邀请函件或者其他申请材料的，处五千元以上一万元以下罚款，有违法所得的，没收违法所得，并责令其承担所邀请外国人的出境费用。"

律没有明文规定为犯罪行为的，不得定罪处刑”的罪刑法定基本原则，也不符合刑法的谦抑性，应予纠正。

四、初战告捷发重审，柳暗花明见曙光

笔者提交辩护意见之后，又与承办合议庭积极进行了沟通。主审法官在阅读笔者的辩护意见之后，在与笔者进行交流时表示，黄某某的行为是否构成犯罪可能存在一定的争议，但具体处理需要综合具体情节进行考量。

2023 年 1 月 13 日，春节前夕，在未经开庭审理的前提下，深圳市中级人民法院作出刑事裁定书，以事实不清为由裁定撤销原审判决，将本案发回深圳市南山区人民法院重审。

2023 年 2 月 3 日，深圳市南山区人民法院对本案进行重审立案。立案之后，笔者即与合议庭沟通取保候审事宜。考虑到笔者在本案二审期间向中级人民法院书面提出过取保候审，合议庭于 2023 年 2 月 9 日决定同意对黄某某变更强制措施为取保候审。

2023 年 2 月 10 日，黄某某从关押了半年多的看守所走出来，与其家人重聚，重温天伦之乐。

五、重沟通不厌其烦，终撤诉不战而胜

黄某某涉嫌买卖出入境证件罪一案发回重审之后，肖阿姨看到了曙光，继续委托笔者代理重审阶段案件。黄某某也在被取保候审后，在其母亲肖阿姨的陪同下来到了律所，与笔者进行了会见和交流。此次会面坚定了黄某某进行无罪辩护的信心和决心。

二审裁定撤销原来一审的有罪判决，深圳市南山区人民法院立案之后即决定对黄某某变更强制措施为取保候审。虽然法院没有明确告知当事人和辩护律师法院关于二审的倾向意见，但一切表明是一个很好的迹象。本案的辩护工作取得了阶段性的成果。

如何在已经取得的阶段性成果的基础上，进一步扩大战果？这是本案重审阶段辩护律师的任务。笔者就重审阶段的工作进行了反复交流和研读，最终确定继续坚持二审提交的辩护意见，从以下几个方面进行努力：一是利用黄某某恢复自由之后的有利条件，争取发现和收集更多有利于证明黄某某的行为并非买卖出入境证件行为的证据；二是与公诉机关进行沟通，争取公诉机关主动撤回起诉，达到不战而屈人之兵的效果。

买卖出入境证件罪多发生于之前没有业务往来的买家和卖家之间，双方以买卖获利为行为特征。而本案黄某某与有关外国人之间原来就存在业务往来，双方之间具有业务往来的历史因缘，从逻辑上可以否定双方之间系买卖关系。笔者据此与黄某某进行了反复交流和沟通，提示黄某某如何搜集可以证明黄某某与有关外国人之间曾经存在业务往来的证据。在笔者的提示之下，黄某某从其本人的电子邮箱里调取了其与案涉外籍人士的多份往来电子邮件、报关单等。这些邮件，笔者均及时向南山区人民检察院承办检察官提交，为笔者与检察官争取作出不予起诉的结果提供了新的素材。

想让公诉机关撤回起诉，这无异于让检察官承认原来的起诉是错误的，难度可想而知。但笔者团队坚定信心，与检察官进行多次沟通、交流，从最初检察官的态度冷淡，到中途的态度转变，直到最终达成了理想的结果。

笔者在 2023 年 2 月 24 日第一次与本案的承办检察官电话沟通，明确向其提出黄某某不构成出售出入境证件罪，希望检察院能够撤回起诉后作不起诉处理。检察官称法院给他们发了补充侦查的函，他们正在给公安补充意见。检察官认为黄某某的行为仍然具有社会危害性，认为本案主要是法律定性问题。因双方的法律看法不同，本案承办检察官要求笔者有什么意见的话，可以提交书面材料。笔者在经过向黄某某本人调查核实后，取得了一部分书面材料（具体为黄某某与涉案外籍人士的往来邮件，黄某某开设公司的营业执照、工商登记信息、纳税证明、报关单等），可以证明黄某某与相关外籍人士多有商业往来或者潜在的商业交易机会等，并于 2023 年 3 月 9 日将上述材料现场递交到南山区检察院。

2023 年 3 月 14 日，国家移民管理局《进一步调整外国人来华签证及入境政策》发布，自 2023 年 3 月 15 日起调整外国人来华签证及入境政策，政策调整方向为放松放宽。笔者敏锐地捕捉到这个信息，觉得这对于本案争取好的结果具有帮助意义。笔者于 3 月 22 日再次联系本案承办检察官，表示将会去检察院提交相关材料并希望与检察官见面沟通。检察官表示如果需要的话会和笔者联系，检察官认为，目前指控黄某某构成犯罪的证据没有什么问题，事实比较清晰，公安机关补充侦查的材料已经移送检察院了，但是补后的证据也没有太大的变化，仍在原证据体系内。检察官表示，本案件仍在一审程序审理阶段中，检察院不能直接不起诉，如果要撤回起诉作不起诉处理，在检察院要先经过非常严格的程序。但笔者毫不灰心，于 2023 年 3 月 24 日去南山区人民检察院现场提交了上述出入境政策放松放宽的相关材料等。

2023 年 3 月 30 日，笔者第四次联系本案承办检察官说明上次提交的材料及相关情况，检察官表示目前的出入境政策放松和黄某某之前的行为是两码事，并且案件已经发回重审，在一审程序审理中。检察官赞扬了笔者对案件负责任的态度，但是仍然表示本案主要是法律适用的理解问题。3 月 31 日，笔者到南山区人民检察院向本案承办检察官提交了本案的辩护意见。

笔者与公诉机关的沟通迟迟未能有进展和突破，案件一时方向不明，本案存在再次开庭的可能性。出于对结果不明确的恐惧，担心自己再度被关押，当事人黄某某十分焦虑，多次给笔者打电话表达其内心的不安。在笔者的安慰之下，黄某某的情绪逐渐平稳。在此期间，笔者也不定时联系法院，发现检察院并没有把公安机关补充侦查的材料提交给法院，笔者据此推测，案件可能会有转机。

2023 年 5 月 6 日，笔者再次联系本案承办检察官了解案件情况，检察官表示检察院目前还没有新的意见，上级还在沟通，要我们耐心等待。

最终，2023 年 6 月初，笔者接到深圳市南山区人民法院通知，让笔者前往领取文书。笔者内心预感到可能是出结果了，遂第一时间赶到法院，拿到了本案的刑事裁定书，该裁定书准许深圳市南山区人民检察院撤回对被告人黄某某犯出售出入境证件罪的起诉，黄某某重获无罪之身。

深圳市南山区人民检察院于 2023 年 6 月 8 日作出了不起诉决定书，该不起诉决定书载明："经本院审查并退回补充侦查，本院仍然认为深圳市公安局南山分局认定的犯罪事实不清，证据不足，不符合起诉条件，依照《中华人民共和国刑事诉讼法》第 175 条的规定决定对黄某某不起诉。"

此后，黄某某向深圳市南山区人民法院申请了国家赔偿，深圳市南山区人民法院于 2023 年 11 月作出国家赔偿决定书，决定对黄某某进行赔偿。

六、律师手记

对于明显不构成犯罪的案件，辩护人要敢于做无罪辩护，坚持自己的观点，尽量与办案机关多进行沟通，包括当面沟通、电话沟通、书面沟通等，通过充分进行说理并提供相应案例，让办案人员接受我方的观点。对于企业经营管理者而言，在日常的生产经营过程中，如果遇到不能确定是否违法的业务或者情况，应该先咨询专业律师，由专业律师出具专业的法律意见，将企业经营中的法律风险降到最低。

邻里争地起纠纷，涉嫌伤害获无罪

——耿某某涉嫌故意伤害罪案

◎王　萌*

俗话说“远亲不如近邻”，如何与邻居保持良好的人际交往关系是人与人社交的重要课题之一。在当今的农村邻里生活中，因乱拿乱用、侵占土地、流言蜚语等民间矛盾而引发的民事、刑事案件时有发生，给各方当事人乃至社会带来了严重的影响与危害。我国对此类案件也给予高度重视，2010 年最高人民法院发布的《关于贯彻宽严相济刑事政策的若干意见》明确指出，对于因恋爱、婚姻、家庭、邻里纠纷等民间矛盾激化引发的犯罪，应酌情从宽处罚。本案中，当事人耿某某即因土地权属问题与邻居产生了矛盾，卷入了一系列纠纷。在此笔者也借此案例提醒广大读者，在处理邻里问题时务必冷静理智，及时寻求相关机构的帮助，根源性地化解争议纠纷，和谐相处。

* 广东普罗米修（武汉）律师事务所专职律师、深圳总所派驻武汉分所常驻律师；电子邮箱：614407902@qq.com。

一、邻里争地起纠纷，朋友来电急求助

2021 年 7 月某日，笔者接到一朋友来电，称其父耿某某在老家因土地权属纠纷与邻居发生争执，现已因涉嫌故意伤害罪被羁押在看守所，全家乱成一团，皆认为耿某某被冤枉，但不知如何是好，遂电话求助。电话中，朋友语无伦次，焦急万分。当时笔者还是实习律师，按法律规定不具备独立办案权，也从未参与办理过刑事案件，但出于法律人的使命感和正义感，果断答应了朋友的请求。在与团队中富有刑案辩护经验的胡金琦律师沟通后，笔者立即致电朋友，告知将邀请胡律师一起向其了解案件情况，约其次日在律所详谈。

经面谈得知，朋友老家位于湖北省襄阳市襄州区下辖的一自然村，其与陈某家是本家，也是邻居，两家房屋并排而建。朋友家房屋后面有一块自留地，十多年来一直是作为稻田使用，但陈某却认为该地块是她家的宅基地，并以此为由阻挠朋友的父亲耿某某耕种，因争夺该地块所有权两家心生嫌隙，闹了几次不愉快，村干部出面协调也未能解决。这次陈某又生事端，耿某某与其理论时双方发生争执，陈某在此过程中倒地骨折，后经鉴定构成轻伤二级，陈某家人一口咬定伤情系耿某某推搡所致。耿某某接受当地公安机关传唤接受问话后便被采取了刑事拘留措施，不久被检察机关批准逮捕，目前案件已处于审查起诉阶段。朋友向来坚强，但谈及向来老实本分的老父亲含冤受屈，面临牢狱之灾，这位不到 30 岁的汉子泪流满面。根据朋友诉说的情况，胡律师与笔者用通俗易懂的语言向其介绍了故意伤害罪的犯罪构成及司法机关办理刑事案件流程。朋友听后冷静了很多，基于对我们专业能力的信任，当场决定委托我们代理此案为耿某某辩护。

二、嫌疑人喊冤叫屈，辩护人拟辩无罪

接受委托后，笔者和胡律师抱着“一探究竟”的决心连夜梳理了工作思路，第一时间进行了会见和阅卷工作。第一次会见时，耿某某见到辩护律师就像在阴冷狭窄暗室中的人见到了温暖的阳光一样，兴奋又激动，耿某某擦着眼泪，边说边喊：“她的伤不是我弄的！我是被冤枉的！你们要相信我！你们一定要帮帮我啊……”

耿某某全程哽咽着向我们详细讲述了当天的事发经过：2021 年 5 月 31 日 16 时许，耿某某开着手扶拖拉机到自家的上述稻田犁地，其侄子耿某甲帮他丢化肥。大概犁了十几分钟，陈某过来了，躺在拖拉机前不让他耕作。考虑到陈某的安全，耿某某就停了拖拉机，下来与她理论。论及陈年旧怨，双方越说越激动，围绕土地归属问题争吵了起来，但都没有动手。后来，陈某坐到了地南面，耿某某坐在地北面，双方僵持不下。这时，耿某某转念一想，这也不是办法啊，没正式工作的陈某耗得起，自己却耗不起，继续开拖拉机耕地是不可能了，干脆就挖地吧。于是，耿某某便回家里拿来铁锹挖地，刚挖了六七下，陈某又上来拦着不让挖。耿某某把铁锹插到土里，陈某就弯着腰，一只脚踩着锹上的土，两只手按在土上。耿某某看这边土挖不成了，就尝试着将插在土里的铁锹拔出来，到另一边换个地方继续挖。来回换了几次后，陈某看拦不住耿某某，就恼羞成怒地从地里捡起一块土疙瘩往耿某某身上砸，耿某某抬胳膊挡了一下，但是被砸伤流了血。于是，耿某某走到路边报警，报完警后去村卫生室处理伤口，处理完便回了家。耿某某回家后陈某已经不在那片地里了，于是他又回到地里驾驶拖拉机耕地。这次会见，耿某某大概讲清了上述事发经过。

在阅卷过程中笔者发现，耿某某在笔录中陈述双方争执过程中没有争夺过铁锹，没有推搡，整个过程两人没有任何肢体接触。在认罪认罚环节，耿某某坚称自己没有犯罪，陈某的伤不是自己造成的，在该环节的笔录中，耿某某签字时还特别写明“不是我”“我没有罪”。

根据会见耿某某时其陈述的事发经过及笔者在阅卷过程中发现的耿某某否认有客观加害行为的笔录，结合耿某某不认罪认罚，抓住任何机会喊冤叫屈的表现情况，笔者和胡律师一致认为，本案确实存在问题，具有极大的无罪辩护空间，当即确定了无罪辩护方向，积极对案卷证据进行分析研判，寻找辩点，为开庭抗辩做好充分的准备。

三、各方说法不一致，轻伤致因成谜团

陈某倒地受伤，经襄阳市襄州区公安司法鉴定中心作出《法医学人体损伤鉴定书》，结论如下：根据病历资料、辅助检查及活体检查，结合案情调查认为陈某 2021 年 5 月 31 日外伤致胸 11 椎体骨折属实。根据《人体损伤程度鉴定标准》第 5.9.4 条 d 项之规定，其损伤程度已构成轻伤二级。陈某一口咬定其伤情系耿某某推搡所致，耿某某坚称与其无任何肢体接触，轻伤二级致因成谜。欲做无罪辩护还耿某某清白，必须找准辩点，辩点是否有力，关键看证据。所以，必须深入分析研判卷宗证据材料，条分缕析，抽丝剥茧。

（一）被害人笔录前后矛盾

卷宗显示被害人陈某一共做了四次笔录，每次陈述均咬定耿某某将其推倒在地，但在推倒的细节方面无法相互印证，逻辑混乱，前后矛盾，且存在说谎情形。

2021 年 6 月 1 日，陈某在公安机关第一次询问笔录中称：耿某某第一次推我是用手推的，他没推倒我，我就捡了个土块朝他扔了一下，但是没有扔中他，之后耿某某就用铁锹把朝我捅了一下，把我捅在地上了。

2021 年 6 月 21 日，陈某在第二次笔录中又称：我看到他挖地就冲上去到他下锹的地方用左脚踩着锹前面的土，弯腰用两只手按着锹前面的土不让他挖。耿某某看我在拦就把铁锹抽出来到别的地方去挖。我还是像第一次那样拦着不让他挖地，这时候我用脚踩在耿某某铁锹前面的土上，站着拦着耿某某不让他挖。这时候耿某某的两只手握着铁锹把，当时锹头还插在地里面，朝前使劲一推，正正地推在我胸口上，把我推倒在地，之后我就昏过去了。

2021 年 7 月 3 日，陈某在第三次笔录中还称：我一共拦了他两次，第一次拦的时候耿某某的锹插在土里，我左脚踩在耿某某锹前面的土，两只手放在身前拦着他，刚踩上去耿某某就用铁锹把土朝上面掘起来，我一下没站稳被他掘得踉跄一下，之后我准备捡土疙瘩想扔耿某某的时候，耿某某又开始挖第二锹，我看着耿某某在挖土疙瘩都没捡起来就接着拦耿某某去了，第二次我还是用左脚踩着耿某某锹前面的土，两只手什么动作都没有，耿某某双手握着铁锹把朝前推，一下子把我推倒在地上，之后我什么都不记得了。

2021 年 7 月 12 日，陈某最后一次笔录称：我第一次拦耿某某的时候耿某某给我推了个踉跄的时候，我从地面捡了一块土疙瘩朝耿某某的胳膊上砸了一下，砸完之后耿某某说我就要挖，我说我就不让你挖，之后耿某某就拿着铁锹到另一边去挖，我跟上去拦他，第二次拦的时候耿某某用铁锹把我推倒了。我害怕我说了公安机关会对我进行处理，就没说这个事情，这次是我家里人跟我做工作让我实话实说，我就说了。

（二）唯一证人三级智力残疾，案件更加扑朔迷离

耿某某的侄子耿某甲系该案现场的唯一证人，当天其在事发地帮耿某某丢化肥。耿某甲系耿某某三哥的孩子，虽已成年，但是智力残疾（三级），村里也为他办了残疾证。自从耿某甲的父母去世后，因其无劳动能力和生活来源，耿某某作为其指定监护人，负责对其照顾、抚养。在侦查阶段，公安机关为耿某甲做了询问笔录。笔者阅卷后发现耿某甲在陈某受伤原因方面陈述的细节与犯罪嫌疑人、被害人的表述均不一致："陈某看到我叔在用铁锹挖地就冲上去用手抓着我叔耿某某的锹不让他挖地""我叔就跟她捞铁锹，捞着捞着那个陈某就摔倒在地上了""陈某跟我叔捞铁锹时摔地上的"。

四、申请取保未获批，无罪抗辩初无果

通过抽丝剥茧，分析证据材料，笔者和胡律师对整个案件脉络已有了清晰认识，并得出确切结论：本案犯罪嫌疑人耿某某涉嫌故意伤害罪事实不清、证据不足。我们再次对卷内犯罪嫌疑人供述、被害人陈述、证人证言等言词证据进行了分析研判，勾画出关系图，罗列出矛盾点，制作好阅卷笔录，既是为后面的无罪辩护做好充分的准备，也是为了对当事人负责，不放弃为当事人争取合法权益的每一点机会。

按照工作计划，笔者先向襄州区人民检察院提交了《取保候审申请书》，从本案事实证据层面、犯罪嫌疑人主观故意层面、犯罪嫌疑人身体状况层面以及事出有因的情理层面四个方面系统论述了对耿某某变更强制措施的必要性，请求检察机关对其取保候审。遗憾的是，因观点认识不同等原因，申请未被检察机关批准。

获知未批准通知后，笔者第一时间约见了案件承办检察官。笔者和胡律师认真撰写了《辩护意见》《羁押必要性审查申请书》，前往襄州区人民检察院，就案件证据情况和辩护观点与检察官进行了沟通。案件承办检察官热情接待了我们，听取了我们表达的意愿，但最终还是未采纳我们的辩护意见。检察机关认为，证人耿某甲的证言可以证明案发时的状况，双方具有争夺铁锹的行为，犯罪嫌疑人存在故意伤害的行为，这导致了被害人轻伤二级的后果，建议辩护律师从嫌疑人角度出发与其家属沟通认罪认罚，赔偿被害人损失以取得谅解，争取法院从轻判决。

笔者与胡律师对检察官的热情接待和建议表示感谢，但出于律师责任和对专业能力的自信，我们无罪辩护的决心丝毫未减。这期间，犯罪嫌疑人及家属要求抗辩到底的态度也给了我们很大的支持。既然本阶段出师不利，那就全力以赴，以昂扬斗志迎接下一个阶段——审判阶段。

两个月后，本案终于迎来了第一次庭审。庭审现场，笔者和胡律师均发表了辩护意见和质证意见。笔者认为，从现有证据看本案远未达到“事实清楚，证据确实充分”的证明标准。卷中证据不足以证明被告人客观上实施了加害行为，陈某受伤原因不明，且无法排除合理怀疑，认定被告人耿某某构成故意伤害罪的事实不清、证据不足。具体理由摘录如下：

1. 从犯罪构成分析

（1）客观要件上，犯罪需要满足行为主体、危害行为、行为对象、危害结果、因果关系五个要件，本案中仅有行为对象和危害结果，却无证据证实耿某某为实施故意伤害的行为主体，也无证据证明耿某某对陈某实施了任何危害行为，更无证据证明耿某某任何行为与陈某轻伤二级的结果之间存在因果关系。

（2）主观要件上，本案被告人耿某某无犯罪故意，根据双方当事人的一致陈述，在案发过程中陈某有耍赖拦车、拦挖地、拿土块砸人等挑衅行为，而被告人在整个过程中一直退让，停拖拉机、犁地改为挖地、受阻拦后又挪地方挖地等行为均在避免冲突发生。因此，从事件起因及双方的行为表现来看，耿某某并无犯罪故意，受害人陈某却对案件的发生存在重大过错，且对被告人有实施故意伤害的行为。

2. 从本案事实和证据分析

（1）除被害人陈某陈述外，无其他证据证明被告人耿某某实施了危害行为，被害人陈某陈述反复不一，前后矛盾，证词不稳定，且存在说谎、不合逻辑等情况。

（2）证人耿某甲不具备证人资格，其证人证言应排除，且其证言内容与双方当事人陈述均存在矛盾之处，其证言内容也不足以证明被告人对陈某实施了故意伤害行为。

（3）张某和尹某的证人证言系传来证据，两人并未在案发现场，关于受伤原因也只是转述陈某的话，两人对现场实际情况并不知情，且两人表述前后不一致。

（4）襄阳市襄州区公安司法鉴定中心作出的《法医学人体损伤程度鉴定书》仅能证明被害人陈某有受伤，但无法证明陈某的伤情是如何造成的，无法证明其受伤结果与耿某某的任何行为有因果关系。

（5）被告人在侦查阶段、审查起诉阶段均否认存在伤害的故意和行为，且在笔录中手写“不是我”“我没有罪”来表达冤屈。

综上所述，本案仅有被害人陈述，无任何证据能够佐证证明被告人存在故意伤害的事实，故仅根据被害人陈述这一孤证不能认定被告人有罪。

3. 本案无法排除合理怀疑分析

（1）根据耿某某、耿某甲的陈述，被害人陈某在拦拖拉机的时候，就有过自己躺地、坐地等行为，根据耿某某及陈某本人陈述，在拦挖地时，陈某也有过弯腰按住土的行为。对于已经69岁的老人来说，其骨头本就存在老化、劳损等问题，无法排除其自身在实施以上行为时受伤的可能性。

（2）在耿某某、耿某甲离开现场后，只剩陈某一人，犁过的地本来就高低不平，也不能排除其自己不小心摔倒的可能性。

（3）陈某受伤后并未第一时间报警或叫救护车，而是先回家，再坐三轮车到村卫生室，直至第二天才去医院拍片。在此期间，不能排除其在家里护理不当或者就医途中乘坐交通工具颠簸受伤或加剧损伤程度的可能性。

庭审后没过多久，我们便收到襄州区人民法院作出的一审判决，一审法院认为，虽然证人耿某甲经鉴定有智力缺陷，但其具有相应辨别能力，能正确表达所见事情的发生过程，可以作证，其证实案发时被害人陈某与被告人耿某某在互相拉拽铁锹的过程中，陈某摔倒在地；证人张某也证实，案发当日17时左右经过陈某家后面地里，见陈某躺在地里，便将其扶回家，过程中陈某告知是耿某某将她推倒在地；村卫生院医生尹某证实，案发当日18~19时，陈某到卫生室打止痛针，陈某说是耿某某将她推倒在地摔的。证人张某和证人尹某的证言虽为转述陈某的陈述，但能相互印证，可以作为证据使用。上述证人证言已形成证据链，和被害人陈某的陈述相互印证，足以证实被害人陈某的伤系被告人耿某某造成，被告人耿某某的行为构成故意伤害罪，辩护人辩称被害人陈某受伤存在其他可能性，但无相关证据予以证实，故对辩护人的辩护意见法院不予支持。最终判决被告人耿某某犯故意伤害罪，判处有期徒刑1年6个月。

一审判决结果显然出乎笔者及胡律师意料，也给被告人及其家属带来了沉重打击，他们均表示无法接受这样的结果，但对笔者和胡律师的敬业精神及专业能力给予了充分肯定，继续委托团队原班人马进行上诉。

五、上诉虽可得重审，重审仍判一年刑

笔者和胡律师决定从一审证据认定的漏洞和法律适用问题两方面入手，提起上诉。首先，我们认为一审判决认定构成故意伤害罪事实不清，陈某受伤原因不明，一审判决认定的案件事实过程不符合逻辑和经验规则。其次，我们仍坚持认为一审判决对于耿某甲的证人证言采信不合法。耿某甲不具备作证资格，而且其证言内容与双方当事人陈述均矛盾，应当依法予以排除。最后，根据《刑事诉讼法》第 55 条的要求，法院对所认定事实应当排除合理怀疑。但一审法院并未按照该法律规定排除合理怀疑，得出排他性的唯一结论，反将举证责任倒置给上诉人及辩护人，属于对法律的错误适用。

上诉状提交后，笔者和胡律师密切跟踪案件移送进程，同时积极准备二审的辩护意见，并制作了案发现场的现场平面图和一审判决依据分析思维导图，可以更直观还原案发现场的情形，充分论证受害人描述受伤倒地细节时存在的矛盾之处。另外，笔者还进行了案例检索，查到相关同类案件的无罪判例，制作了《案例检索报告》。

在二审阶段，案件分配承办法官后，笔者第一时间约见法官，向其陈述了辩护意见和被告人的意见，并向其提交了完整的辩护资料，且提出申请二审开庭审理此案。法官表示已查阅了案卷，认为此案确实存在较大争议，辩护人意见已充分听取并转达至合议庭。

功夫不负有心人，大约半个月后，襄阳市中级人民法院作出刑事附带民事裁定书，认为原审认定部分事实不清，证据不足，裁定如下：（1）撤销襄阳市襄州区人民法院（2021）鄂0607民初7××号刑事附带民事判决。（2）发回襄阳市襄州区人民法院重新审判。

结果振奋人心！虽然案件发回重审的结果如何我们无法预测，但是既然已峰回路转，那就勇往直前！

2022年1月20日，公诉机关和襄州区人民法院一同对案发后将陈某扶回家的张某、村卫生室医生尹某再次进行询问并制作询问笔录；2022年1月25日，公安机关对耿某甲、村委会主任、小组长三人进行了询问并制作询问笔录。以上5人的证人证言即为重审阶段公诉方的补充证据。

对于上述证据，笔者和胡律师一致认为：

耿某甲的证人证言真实性存疑，且其不具备证人资格，其证言内容亦无法证明被告人存在伤害的故意和行为。首先，在询问视频中，耿某甲一直陈述“推没推搞不清”“站远了看不见”。耿某甲证言描述的案发情况与双方当事人描述的事实均不符，无法得到相互印证。其次，即便本案采纳耿某甲的证言，也只能认定陈某的受伤系其在与被告人捞铁锹过程中摔倒所致，这一说法却与双方当事人陈述均不一致，对该事实仅有耿某甲证言这一孤证，也无法以此给被告人定罪。最后，即便认定被害人是在与被告人捞铁锹过程中摔倒的，也不应认定被告人在此过程中具有伤害的故意，最多为过失或者为意外事件，在被害人仅构成轻伤的情况下，即便为过失也不构成犯罪。

其余证人证言均为传来证据，证人均不在案发现场，证人证言无法反映案发真实情况。同时张某、尹某二人证言也与被害人陈述相矛盾，暴露本案众多疑点。两人第一次笔录均称不知道陈某的受伤原因，但在后续笔录中都反言称听陈某说是耿某某推她的。首先，两人均未亲眼所见，属于传来证据；其次，该传来证据来源均为被害人，相当于还是被害人陈述这一孤证；最后，本案事件起因是耿某某家与陈某家因地产生纠纷，证人容易受到村民流言影响，证言缺乏客观性、中立性。

襄州区人民法院经过合议庭评议，审判委员会讨论并作出刑事附带民事判决书，认为被告人耿某某明知自己在年龄、气力上占有优势，且在凸凹、不平整的耕地争夺铁锹的过程中可能会导致年老的陈某倒地受伤，其主观上具有故意伤害的“间接故意”，客观上导致陈某轻伤二级的结果，其行为构成故意伤害罪。法院同时认为陈某因耕种土地与被告人发生纠纷后，先用土块将被告人耿某某的胳膊砸伤，在案件发展中有过错，可对被告人耿某某从轻处罚并减轻其民事赔偿责任。判决被告人耿某某犯故意伤害罪，判处有期徒刑一年。

虽然刑期已经减少了半年，给笔者和被告人都带来了不小的安慰和鼓舞，但是我们的目标——无罪，仍未实现。毋庸置疑，案件还得继续上诉！

六、坚持到底不放弃，二次上诉判无罪

这已经是本案的第二次上诉，此次上诉，笔者主要针对重审一审判决提出了如下意见：

第一，一审判决认定事实不清、证据不足。一审判决在审理查明部分认定“被告人耿某某继续用铁锹挖地，陈某再次上前阻拦并夺耿某某的铁锹，双方在争夺铁锹的过程中，致陈某倒地”。前述事实无任何证据支持，与被害人、被告人、证人耿某某笔录均矛盾。案发现场 3 人陈

述均不一致，无法相互印证，本案中陈某受伤原因不明，无足够证据证明其伤情与被告人耿某某的任何行为有因果关系，一审判决认定事实不清、证据不足。

第二，关于上诉人耿某某主观故意问题。一审判决评判“被告人耿某某明知自己年龄、力气上占有优势，且在凹凸不平整的耕地上争夺铁锹的过程可能会导致年老的陈某倒地受伤，其主观上具有故意伤害的‘间接故意’”无事实根据。行为人明知自己的行为可能发生危害社会的结果，并且放任结果发生的，刑法理论称之为间接故意。本案中，耿某某、陈某均不认可存在“争夺铁锹”的行为，行为既不存在，更无从所得明知。根据双方当事人案发时的行为表现，上诉人耿某某也没有“放任”的表现，其在整个过程中一直退让，被拦后停拖拉机、犁地改为挖地、受阻拦后又挪地方挖地等行为均在“避免”冲突发生。反观陈某，存在自己躺地上拦车不让耕地、两次拦挖地、拿土块砸人等主动制造矛盾、故意伤害的行为。从客观上看，本案中除被害人陈述外，无证据证明耿某某的任何行为与陈某轻伤二级的结果之间存在因果关系。

第三，关于证人耿某甲是否具备证人条件问题，一审法院评判有误，且无事实及法律依据。耿某甲不具备作证条件，其为智力残疾人，残疾等级三级，属于中度智力残疾。一审未根据侦查阶段取得的证人证言“他有智力残疾，村里给他办的有残疾证和低保，平时在村里总是胡言乱语”来评判耿某甲的作证条件，却根据重审阶段所取得的证人证言来证实耿某甲符合作证条件。从作证时间上考虑，后者证言在中立性与客观性上是远不及前者的。况且，前述证人均不具有专业精神鉴定资格，也无法对耿某甲是否具备作证能力进行证实。

即使耿某甲具备作证条件，其证言的证明力也极低。耿某甲作为一个智力残疾人，其在理解认知、语言表述、行为表现等方面与正常人有较大差距，根据最高人民法院《关于适用〈中华人民共和国刑事诉讼法〉的解释》第143条之规定，对其证言应当慎重使用，有其他证据印证才可采纳。

况且，耿某甲证言与被害人、上诉人的陈述均互相矛盾，不能仅凭耿某甲一人的证言来拼凑整个案件事实，进而判决上诉人有罪。

第四，关于襄州区公安司法鉴定中心作出的《法医学人体损伤程度鉴定书》的认定问题。一审判决认为“陈某受伤结果与耿某某的行为是否有因果关系，不属于该鉴定所鉴定的范围”，但该鉴定结果可反映本案事实不清，证据之间相互矛盾，无法相互印证。

根据鉴定书“诊断：1.T11椎急性期压缩性骨折，2.胸背部软组织损伤，3.轻型颅脑损伤”，可知耿某甲所述“我叔耿某某跟陈某两个人相互捞铁锹，陈某就往后踉跄了一下就摔坐地上”的说法也不成立，摔坐在地上不可能造成胸背部软组织和颅脑损伤。另外，被害人本身年龄大，具有胸椎退行性变（骨质增生、椎间盘变性）的病史，鉴定人在认定损伤程度等级时未考虑被害人本身患有疾病这一介入因素。

本案一审判决在事实认定和证据采纳上，违背“存疑有利于被告”的原则，远未达到刑事“排除合理怀疑”的证明标准。一审判决认定上诉人构成故意伤害罪时，在认定事实、证据采信及适用法律方面均存在明显的错误，故上诉人耿某某故意伤害罪不成立，应当判决无罪。

在重审上诉过程中，辩护律师再次递交《开庭审理申请书》，襄阳市中级人民法院最终同意二审公开开庭审理，我方的上诉意见及辩护意见都得以充分表达，取得了理想的庭审效果。

2022年11月，我们收到了襄阳市中级人民法院的二审判决书，这是一份期待已久的无罪判决！部分摘录如下：

本院经审理查明，原判认定上诉人耿某某犯故意伤害罪的事实不清，证据不足，理由如下：

关于耿某甲的证人资格问题。耿某某及其辩护人称，耿某甲系智力残疾人，其证言不能作为证据使用。本院认为，耿某甲虽然有残联评定的三级智力残疾证，但其所在村村民尹某、龙某、成某等人均证实，耿某甲不是“死憨子”，他上学的时间不长，能写自己的名字，自己能做饭，能把事情说清楚，能干活，平时喜欢到处跑着玩。且从公安机关询问的耿某甲所出具的证言看，其能正确表达案件发生的经过，符合证人的条件。根据《刑事诉讼法》第六十二条的规定，凡是知道案件情况的人，都有作证的义务。生理上、精神上有缺陷或者年幼，不能辨别是非、不能正确表达的人，不能作证人。本案证人耿某甲作为在案发现场的唯一证人，其是知道案件情况的人，且能正确表达意思，故耿某甲的证言可以作为证据使用。该上诉理由及辩护意见不能成立。

关于事实与证据。本案现有证据中，证明耿某某构成故意伤害罪的证据仅有被害人陈某的陈述，其证实耿某某用铁锹把将其推倒在地。但陈某在公安机关询问的多次陈述前后表述不一，且其陈述倒地姿势与其所受伤情亦存在矛盾。如陈某第一次陈述称耿某某用铁锹捅了她一下，把她捅倒在地上；第二次陈述称耿某某用铁锹挖土，她用脚踩在耿的钬前面的土上，站着拦着耿某某不让他挖地，当时铁锹头还插在地里面，耿某某双手握着锹把朝前使劲一推，正正地推在她胸口上把她推倒在地。且陈某陈述倒地的姿势是“面部朝上，背部朝下直挺挺地倒在地上的”，与其伤情“T11 椎体压缩性骨折”不符。证人耿某甲仅能证实耿某某与陈某二人在捞铁锹，捞着捞着陈某摔倒在地上，无法证实具体过程。上诉人耿某某到案后亦未供述过殴打陈某或与陈某争夺铁锹。证人尹某、张某的证言系传来证据，虽然二人证实听陈某说其受伤是耿某某将其推倒在地上造成的，但二人的证言均系听陈某口述，并非现场所见，且二人的证言前后证实不一致。如二人在公安机关第一次询问时均证实陈某没有说怎么受伤的，在公安机关第二次询问时又都证实听陈某说是耿某某将陈某推倒受伤的。上述证据对故意伤害的事实证明不稳定，且缺乏其他证据印证，不能得出唯一结论。

本院认为，襄阳市襄州区人民检察院指控原审被告人耿某某犯故意伤害罪的事实不清，证据不足，不能认定耿某某构成故意伤害罪。上诉人耿某某上诉及其辩护人辩护的关于本案事实不清、证据不足的意见成立，本院予以采纳。

……

判决如下：一、撤销襄阳市襄州区人民法院（2021）鄂 0607 刑初 9×× 号刑事附带民事判决。二、上诉人（原审被告人）耿某某无罪。

在收到二审判决书时，耿某某的一年羁押期限已届满，处于监视居住阶段。此时此刻，一年的艰难岁月都化作了耿某某脸上舒展开来的一条条皱纹。判决生效后，耿某某依法提出申请国家赔偿，经过法定程序，最终耿某某获得了国家赔偿。

七、律师手记

刑事辩护就像一场马拉松，重大刑事案件一般耗时持久，少则两三年，多则四五年甚至更久。尤其是无罪辩护，更是需要坚强的意志和持久的耐力。综观那些最终判决无罪的案件，大都经历了程序上的“拉锯”与时间上的“折腾”，本案亦是如此，从一审到二审，从二审再到发回重审，最终到重审二审，之所以能全面胜利，离不开当事人与辩护人的共同坚持。

曾国藩曾在《复陈右铭太守书》中言，“万山旁薄，必有主峰；龙衮九章，但挈一领”，律师在刑事辩护过程中也需要把握住辩护核心。对于此类涉嫌故意伤害罪的案件，笔者一般会围绕以下几个要点进行辩护：（1）行为人是否存在伤害行为；（2）行为人是否具有伤害他人的主观故意；（3）损害的程度是否严重；（4）鉴定意见能否作为定案依据；（5）是否事实不清、证据不足；（6）是否具有法定或酌定的量刑情节。本案中，耿某某最终未能被认定故意伤害罪的辩护核心就在于“事实不清、证据不足”，笔者紧扣被告人、被害人、证人对案发现场情况描述的矛盾之处，并反复强调论证，从而获得终审判决的采纳，作出无罪判决。

管理冲突被控罪，剖法析理还自由

——刘某强迫交易案

◎蔡大鹏 *

2018 年 1 月，中共中央、国务院发出《关于开展扫黑除恶专项斗争的通知》，全国扫黑除恶专项斗争工作以雷霆万钧之势拉开序幕。三年后，“推动扫黑除恶常态化”写入“十四五”规划和 2035 年远景目标纲要。全国扫黑除恶斗争取得了显著成效，扫黑除恶工作越来越步入常态化。国家在加大对涉黑涉恶犯罪打击力度的同时，也要注重保障人权，告知当事人及时寻求辩护律师积极有效的帮助，坚定维护当事人的诉讼权利，从而保障更加客观公正地惩罚犯罪，保证《刑法》的正确实施。

一、因管理冲突身陷囹圄

2019 年 2 月下旬，刘某家属经他人推荐找到笔者，并陈述了案件基本情况。听完案情后笔者对案件作了初步分析，刘某家属便委托笔者作

* 广东普罗米修律师事务所合伙人律师、刑事部执行主任，第十二届广东省律师协会刑事法律专业委员会委员、讲师，第十一届深圳市律师协会商事犯罪辩护法律专业委员会委员、讲师；电子邮箱：3973910@qq.com。

其辩护律师。但因家属了解情况有限，笔者又与涉案证人等其他相关人员进行了沟通，初步了解案件情况如下：

2007 年年底，深圳市某区某市场销售的淡水鱼出现了氯霉素、孔雀石绿等超标的问题，为保障食品安全，该市场管理处决定从供应源头进行控制。因刘某与该市场管理人张某私交甚好，张某便与刘某协商由其寻找品质达标的淡水鱼向市场供货。为了确保刘某中标，两人协商找来了另外两家陪标。不出所料，刘某顺利地拿下了淡水鱼的供货资格。

为保证该市场销售的淡水鱼品质合格，除了从源头进行控制外，还需要杜绝商户从其他地方购买不合格淡水鱼进行销售而导致该市场因存在食品安全问题被处罚，张某还委托了刘某对该市场商户有无从场外进货的情况进行管理监督。为便于管理，刘某等人采取“一刀切”的方式，对市场商户从场外买进的淡水鱼一律予以没收处理。同年 12 月，该市场物业管理有限公司在大厦召集市场经营的所有商户召开会议，要求该商场所有淡水鱼档商户均要从 A 水产、B 水产、C 水产三家水产公司买入淡水鱼，才能在该市场进行销售，并且还安排了刘某招募保安人员对该市场营商秩序进行管理。在会议上有部分商户对决定表示不满，认为名义上虽然是三家供应商供货，但实际是由刘某所控制的 A 水产一家公司向该市场供货。

在刘某控制的 A 水产公司向商户供货期间，有一些商户认为刘某的水产公司向他们供应的淡水鱼不仅价格高，质量也很差，于是悄悄通过其他途径买来淡水鱼进行售卖。刘某知道之后，安排了 20 余名保安员在该市场巡查、监控，明令禁止 A 水产公司以外途径的淡水鱼进入市场，并授意保安对不符合要求的淡水鱼进行没收。

2008 年 12 月 6 日，商户陈某某因为从其他水产公司买入淡水鱼被保安员柏某 1 发现，柏某 1 当即叫来唐某万、黄某平、柏某 2、柏某康、郑某武、唐某军等多名保安员，众人赶至陈某某档口没收淡水鱼时，陈某某强烈反抗，双方发生了肢体冲突。

2019 年的扫黑除恶活动中，作为管理员的刘某被当年积怨的商户举报，公安机关对刘某予以立案侦查，并采取刑事拘留强制措施。

二、辩护律师抽丝剥茧析法理

在刘某被刑事拘留期间，笔者对其进行了多次会见，了解了更多的案件情况，并撰写了不予批准逮捕的辩护意见。2019 年 3 月 18 日，公安机关第一次以强迫交易罪提请批准逮捕。笔者在第一时间向检察院提交了辩护意见，并在当日拨通了承办检察官的电话，与之简要沟通了辩护要点。2019 年 3 月 29 日，检察机关对本案以强迫交易罪已过诉讼时效作出不批准逮捕处理的决定，并对刘某予以释放。

在众人认为本案已经结束，案件会因超过诉讼时效结案时，令人意想不到的情况发生了，2019 年 4 月 12 日公安机关再次以强迫交易罪提请批准逮捕。笔者再次向检察院提交了相应辩护意见，重申该案存有诸多疑点，不应批准逮捕。但在 2019 年 4 月 30 日检察机关对刘某作出了予以批准逮捕的决定。刘某被予以逮捕后，随即被收监。

在案件进入审查起诉阶段后，笔者立即前往检察院申请阅卷，探究公安机关到底搜集到了什么指控当事人构成犯罪且在诉讼时效之内应予追究的证据。通过阅卷充分了解了案情之后，笔者了解了公安机关对本罪的侦查追究逻辑，也对案件情况有了更详细的了解。

笔者经阅卷分析后发现，商户与刘某安排管理的保安人员产生的肢体冲突是在对市场经营秩序管理过程中的冲突，并不是公安机关指控刘某的等人在商品交易过程之中产生的暴力，不符合强迫交易的客观要件。公安机关调取的证据也无法证明刘某指示保安人员对其他商户进行暴力威胁从而促成其与市场商户的淡水鱼交易。同时笔者还发现，2008年公安机关对该案已以寻衅滋事立案处理，时隔十余年，公安机关再次以强迫交易立案，已经超过该罪名的法定追诉时效。并且，公安机关就同一事实两次立案有重复刑事处罚之嫌，可能有违刑法的禁止重复评价原则。笔者基于上述思路，向检察机关提出以下具体辩护意见：

（一）刘某等人在客观上没有暴力、威胁的强迫交易行为。

2007年年底，为确保食品安全，某市场物业管理有限公司委托刘某联系具有资质的供货商向某市场供应淡水鱼，并依照相关规定于2007年12月于某大厦召集在该市场经营的商户召开会议，明确该市场商户所售淡水鱼均需从A水产、B水产、C水产三家购入，经营过程由刘某招募的保安人员进行管理监督。

本案中，刘某个人并未实施威胁、暴力等胁迫行为，且其管理安排的保安人员就部分商户私自通过其他途径购入的淡水鱼予以没收并阻止个别商户入场的行为系履行工作职责，刘某只要求商户遵从该市场淡水鱼管理规定，保障该市场销售淡水鱼食品安全，而并非强迫商户交易。

公安机关调取的市场管理方出具的《情况说明暨求情书》证据显示，保安人员黄某平、唐某万与被害人陈某某之间的冲突系因其进场的淡水鱼缺乏相关资质证明，而并非产生于其与刘某水产公司就淡水鱼的交易，不符合强迫交易罪的时空要件，在案证据难以证明刘某等人在客观上存在强迫商户交易的违法犯罪行为。

（二）刘某主观上不具有“非法牟利”的目的。

A水产作为涉案三家淡水鱼经营商之一，是经过市场管理方召集商户开会集体讨论决定的，且刘某安排保安人员黄某平、唐某万阻止个别商户入场并将非 A 水产公司的鱼类没收，是为保证该市场淡水鱼的食品安全，刘某等人在主观上没有“非法牟利”的目的。

（三）被指控的强迫交易罪行为追诉时效已届满，且不存在中断及延长时效事由，不应再追究刘某的法律责任。

1. 根据 2008 年案发时强迫交易罪的相关规定，其法定最高刑为 3 年，《刑法修正案（八）》将其法定最高刑从 3 年有期徒刑提高到 7 年有期徒刑。根据《刑法》第 12 条规定的“从旧兼从轻原则”，追诉时效应按修改前的法律，适用 5 年追诉时效期限。根据《刑法》第 87 条第 1 项之规定，法定最高刑为不满 5 年有期徒刑的，经过 5 年不再追诉。

而本案所指控刘某的犯罪行为发生于 2008 年年初至当年 12 月 6 日，因此，追诉时效的起算时间应为 2008 年 12 月 6 日，本次立案的时间为 2019 年 4 月 3 日，距离追诉时效的起算时间已逾 10 年 4 个月，已超过本罪 5 年的追诉期限。退一步讲，即便刘某等人的行为构成犯罪，按照《刑法修正案（八）》的规定追诉时效为 10 年，本案也已超过追诉期限。

2. 根据《刑法》第 88 条第 1 款“在人民检察院、公安机关、国家安全机关立案侦查或者在人民法院受理案件以后，逃避侦查或者审判的，不受追诉期限的限制”的规定，此种情况下，追诉时效的延长必须具备以下条件：（1）检察院、公安机关、国家安全机关已经立案侦查或者法院已受理案件，这是此种追诉时效延长的前提条件；（2）行为人实施了逃避侦查或者审判的行为，但本案中刘某并不存在前述逃避侦查或者审判的行为。

对于以上立法规定，时任全国人民代表大会常务委员会法制工作委员会主任胡康生主编的《中华人民共和国刑法释义》第 84 页第 3 自然段针对《刑法》第 88 条有如下说明：“在实践中应当注意，不能简单地理解为只要人民检察院、公安机关、国家安全机关对案件进行立案，或者人民法院对案件予以受理后，就可不受追诉时效的限制。上述机关对案件进行立案或受理后，犯罪嫌疑人或被告人必须具有‘逃避侦查或者审判’的情况。如果没有逃避侦查和审判的行为，而是有的司法机关立案或受理后，因某些原因又未继续采取侦查或追究措施，以至超过追诉期限的，不应适用本条规定。”

3. 根据《刑法》第 88 条第 2 款规定：“被害人在追诉期限内提出控告，人民法院、人民检察院、公安机关应当立案而不予立案的，不受追诉期限的限制。”此种情况下，追诉时效的延长必须具备以下条件：（1）被害人在追诉期限内提出控告；（2）法院、检察院、公安机关应当立案而不予立案。

本案中，适用本条追诉期限延长规定的前提是有被害人对本案的犯罪嫌疑人刘某就本罪即强迫交易罪进行了控告，且法院、检察院、公安机关应当立案而不予立案。暂且不考虑本案是否属于法院、检察院、公安机关应当立案而不予立案的情形，在本案的追诉期间，从未有人对刘某涉嫌犯罪进行过相关控告，更没有人就本罪，即刘某涉嫌“强迫交易罪”的行为对刘某进行控告。故此，即使刘某在近 10 年期间受到过刑事控告，若非本罪的控告，本案亦不应适用《刑法》第 88 条第 2 款的规定，对刘某以本罪进行追责。

因 2008 年案发时无人对刘某进行相关控告，所以公安机关并未对刘某予以立案侦查，直至 2019 年 2 月因群众举报涉黑恶线索，公安机关才对其予以立案。在长达 11 年的时间里，未有同案犯罪嫌疑人在逃，公安机关也未对本案继续侦查，且从未对刘某进行传唤、调查。刘某亦一直生活在本案公安机关管辖的居住地，并在某市场经营水产，没有任何逃避追查或审判的行为。因此本案已经超过追诉期限，即使刘某涉嫌犯罪也不应再追诉。

（四）公安机关变更罪名，前后历经两次刑事立案，有违禁止重复评价原则的刑事立法精神。

本案公安机关变更的罪名，前后经历了两次刑事立案，2008 年 12 月 7 日公安机关对本案以寻衅滋事罪立案，2019 年 3 月 18 日再次以强迫交易罪提请批准逮捕，2019 年 3 月 29 日检察机关以已过诉讼时效为由作出不批准逮捕处理的决定。2019 年 4 月 12 日公安机关以同一事实再次以强迫交易罪向检察机关提请批准逮捕。辩护律师向多个司法部门进行申诉，申请立案监督，提交法律意见。对本案公安机关就同一案件事实两次立案的行为，辩护律师认为公安机关的该行为违反了禁止重复评价原则，不应追究涉案人员的法律责任。

对于寻衅滋事罪与强迫交易罪，仅从两者的定义来看似乎比较容易区分，但在具体实务案件办理中，容易将两者混淆、错误定性。

寻衅滋事罪是指寻衅滋事、扰乱公共秩序的行为，侵犯的客体是复杂客体，既侵犯了公共秩序，又侵犯了他人的人身权利、财产权利。强迫交易罪是指在商品交易中以暴力、威胁手段强买强卖商品、强迫他人提供服务或者强迫他人接受服务，情节严重的行为。强迫交易罪侵犯的客体也是复杂客体，既包括正常的市场交易秩序，又包括强迫交易对象的人身权、财产权。

根据《刑事审判参考》第 278 号案例，“行为人在实施强迫交易犯罪行为的过程中，其手段或方法又可能触犯其他罪名，对于这种情况，应当按照有关牵连犯的刑法处罚原则来处理”，即对嫌疑人刘某应以寻衅滋事罪定罪处理。2008 年案发时，公安机关对本案便以寻衅滋事罪立案侦查，且已处理完毕。

2019 年 4 月 3 日，公安机关就 2008 年刘某等人的行为再次立案，认定其涉嫌强迫交易罪，但此次立案指控罪行与2008年以寻衅滋事罪立案的案件实属同一案件。公安机关对本案中发生的事实已然在2008年的寻衅滋事案中处理完毕，其中包含了对强迫交易行为的法律评价。因此，公安机关再次对同一案件事实进行立案有违禁止重复评价原则的刑事立法精神。

三、十年陈案一朝解

在笔者多次与检察机关的沟通下，检察官在该案审查起诉期间以事实不清、证据不足退回侦查一次、延长审查起诉期限两次。最终采纳了辩护律师的意见，并在2019年10月8日以刘某涉嫌强迫交易一案事实不清、证据不足，对刘某作出了不予起诉的决定，本案最终获得了不起诉的结果。

四、律师手记

本案在2019年经过了公安机关两次提请批准逮捕，虽然检察机关在第一次对刘某予以不捕处理，但对于重大复杂、争议较多的案件，当事人可能涉嫌被追加罪名或者变更罪名，尽管当事人处于取保候审期间，笔者仍密切留意公安机关的侦查动向，以随时应对。在公安机关补充新的证据之后第二次提请逮捕时，检察机关作出了批准逮捕的决定。

当案件移送至检察院审查起诉后，辩护人及时前往检察机关审阅卷宗，吃透案情，精心制定方案，检索了大量相关法律规定及司法解释，搜集相关典型案例及阅览多篇学术文章，从本案的构成要件、追诉时效、罪刑法定、禁止重复评价等刑法理论方面入手，发现本案最关键的辩护要点有两个：一是区分涉案暴力行为是否可以被评价为被指控的强迫交易罪中的暴力行为；二是该案在追诉时效、重复立案等方面也存在问题。笔者以此为突破点，依托涉案证据对案件展开法理分析，进行论述，并搜集了对犯罪嫌疑人有利的判例，利用已有判例最大限度地为被告人争取权益。

笔者在向承办检察官提交法律意见后，还向检察机关申控部门提起了申诉，请求为当事人变更强制措施。经过两次向检察机关出具法律意见书，检察机关最终采纳了笔者的辩护意见。

本案中，虽因时效问题检察机关作出了对刘某不予起诉的决定，但本案案情对商事主体的经营活动应当有所警示，经营者在经营管理或者交易过程中若使用暴力、胁迫等方式，违背交易相对方自主交易意愿，损害交易相对方的合法权益并影响商品交易市场秩序，可能会面临行政处罚，甚至可能涉嫌刑事犯罪而被判处刑罚。因此，经营者在经营过程中，应当恪守自愿、平等、公正和诚实信用的法律规定及道德准则，确保经营活动的合法性和正当性，这样才能维护交易安全和自身安全。

“仙人跳”，还是真强奸？
——李某强奸罪案

◎林时宝 *

在众多犯罪案件中，强奸犯罪尤为令人愤慨，该罪是指行为人违反《刑法》的相关规定，违背被害人的意愿，采用暴力、威胁、伤害或其他手段，强迫与被害人进行性行为从而构成的犯罪。强奸罪严重突破人类道德底线，是对人权的严重侵犯，历来是《刑法》打击的重点。但近年来，以控告强奸罪为名、实则敲诈钱财的“仙人跳”等诈骗行为也层出不穷。所谓“仙人跳”，是民间对此类行为的一种俗称，“仙人跳”中，犯罪嫌疑人以女色为诱饵，通过设计陷阱、诱骗等手段，让受害者（好色男性）上当并骗取其钱财。强奸和“仙人跳”两种行为在性质上是完全不同的。本案中，笔者的当事人就疑似因遭遇“仙人跳”而陷入被指控为强奸罪的风波。

一、色字头上一把刀，涉嫌强奸被羁押

2022 年 6 月初的一个下午，南方天气已值盛夏，街上行人稀少。笔

* 广东普罗米修律师事务所专职律师；电子邮箱：1873640623@qq.com。

者正看着窗外思考一篇法律文书，突然一个陌生电话打来。接听之后，电话那头表明是经朋友介绍问到了笔者的电话。没等笔者回话，那边已经着急忙慌地开始讲述她的一位亲属的遭遇。为提高通话效率，笔者捋了捋思路，开始提出一些关键问题，引导对方按照笔者的思路有条理地捋清案件。

简短地沟通后，笔者大致了解了案件的脉络，此后笔者又约了对方来到律所，经过面谈，笔者基本掌握了案件情况。简单来说，就是这位委托人的一位亲属可能遭遇了“仙人跳”，还让公安抓起来了，被指控强奸。笔者跟委托人强调了案件的紧迫性，当务之急是要见到当事人，只有当面向他了解，律师才能更客观地掌握案件实情。笔者对案情的专业讲解梳理获得了委托人的信任，当即就跟律所签订了委托代理协议，笔者正式介入本案。

2022 年，因为新冠疫情，看守所加强了对外接触的管控，律师会见在押嫌疑人的流程相对烦琐，要求较多。笔者数次联系承办民警无果，然而，眼下的每一天都是关键，不能及时会见当事人，就无法了解到第一手情况，无法做到有的放矢地制定辩护策略。办法总比困难多，笔者灵机一动，想到了在看守所上级分局主管的官方微信公众号里面留言，反映此情况，要求帮助解决问题。这一招果然奏效，很快分局的法制科便主动与笔者联系，让笔者准备手续，择日安排视频会见。

二、视频会见当事人，了解案情疑被冤

几经波折，笔者终于得到会见当事人的机会。会见的地点安排在分局下面的一个信访室，里面就一台电脑，当天安排的是视频远程会见，经过临时的调试，设备终于能用了。通过视频端，笔者见到了当事人李

某。人虽然是见到了，但因为信号的问题，沟通都是断断续续的。好在笔者也基本上了解了李某口中的案情。正如笔者之前的推测，李某的陈述与其家属的说法存在出入。根据李某的陈述，案发的前一晚，李某跟着几个朋友到了某地的一个酒吧，当晚消费了不少钱，这期间李某点了酒吧的气氛组，几个打扮时髦热辣的女子便到了当事人所在台位，并站在桌子上热舞。觥筹交错之间，李某也与其中的一名女子有所交流，该女子主动加了李某的微信。酒吧聚会散场后，该女子开始主动微信联系李某，一上来便言语暧昧。几番交谈，双方相约酒吧打烊后一起去吃夜宵，但后来因为一些意外原因，当晚双方没有约成。

又过了一日，女子又主动联系李某，让李某去酒吧捧她的场，李某欣然应允。案发当晚 12 时左右，李某跟着几位朋友又来到了该酒吧，这次又点了气氛组。酒过三巡，李某有些上头了，手握一把现金，逢人就派，几百元、几千元的随便给，还让周围的服务员管那名女子叫嫂子，女子也不拒绝，还主动上前搂抱李某。李某倒也淡定，就说要搂就回去搂。凌晨约 4 点，酒吧打烊。李某的几位朋友先行离开，他则等着该名女子换下工作服一起走。二人先是约好一起去某处的大排档吃夜宵，结果当晚他们到达时大排档已经打烊了。李某提出想喝水，于是双方就直接去了该女子位于某小区的宿舍。

根据李某自己的说法，到了宿舍以后该女子让他去了 2 楼她所住的房间，女子随后带了一瓶水上去。进女子房间后不久，女子又让李某在宿舍洗澡，但等他洗完澡出来，发现该女子已经不在屋内。见此情景李某心里咯噔了一下，心想莫非中了别人的圈套？随即他微信语音联系了该女子，女子则称自己在外面，马上就回来。回来后女子也去洗了澡并且换了睡衣出来，李某便上前搂住她，有一些搂抱、贴脸等亲密行为。后来双方因为李某没有通过该女子向酒吧订台一事发生了不愉快，双方短暂争执以后，女子便跑了出去，李某出去寻她，但没找到人，于是李某就回到了房间。过了一会儿，突然来了几个男子，李某认出了其中一位是酒吧的保安，后来他得知其他几位也是该女子的同事，这些人当时就将李某堵在房间里不让他走，其间也未向李某要钱。李某被困在房间，该女子则和部分同事待在房间外面。大约一个小时过后，民警来了，李某随即被带至派出所。笔者问李某有没有对该女子进行性侵，他始终明确说没有性侵。如此一来，根据李某的说法，他像是被人陷害了。

三、初定思路辩无罪，申调监控作证据

鉴于李某陈述自己系被冤枉，笔者的第一感觉是这个案子可能要做无罪辩护。在这样的前提下，应当尽可能地搜集对当事人有利的无罪证据。

笔者根据李某的陈述，来到了案发地小区实地查看。经过查看，笔者发现案发小区的正门口多处设有监控摄像头，案发宿舍所在楼栋的出入口也设有监控摄像头。查看完以后，笔者又向小区门口的保安询问了监控录像保存的时限。当天实地查看以后，笔者即联系案件承办的警官，提交了调取监控视频以及调取被害人通话记录和微信记录的申请。

在后来审查起诉阶段的阅卷中，笔者了解到了民警调取的该案发小区门口的监控视频情况，虽然该视频不足以作为推翻指控的证据，但该视频显示，李某跟被害人女子到达案发小区以后仍然有牵手以及搂抱等行为，这在一定程度上对笔者的辩护观点起到了辅助支持的作用。

四、阅卷指出存疑点，检察退案补侦查

时间来到 8 月，案件到了审查起诉阶段，笔者第一时间到检察院阅卷。经过仔细的研判，笔者发现本案目前的证据要证明李某构成强奸罪并不充分，尤其是不足以构成强奸既遂。根据被害人自己的几次陈述，基本是在回到宿舍后李某就对其进行了性侵，但她前后的几次陈述存在矛盾的地方。其中极为关键的是，笔者在查看李某与被害人的聊天记录证据时，发现两人在回到宿舍以后，被害人曾经离开过宿舍，而且李某还询问其去了哪里。由此可见，被害人在本案中明显说谎。对于这一疑点，笔者在法律意见书中重点指明，结合本案的其他一些问题，一并提交给了检察院。

在一个月的审查起诉期限到期时，笔者联系了承办检察官。不出所料，检察院认为现有的证据并不充分，将案件发回给公安机关补充侦查。待案件补充侦查结束移送检察院以后，笔者再次提交了关于补充卷的阅卷申请。经阅卷，果然受害人在笔录中承认了自己在回到宿舍以后曾经离开过的事实，如今受害人的笔录相当于承认自己是在说谎。由此可见，受害人在此前的笔录中称李某到了宿舍就对其性侵，明显存在夸大的成分，目的是加重对李某的处罚。这也成为后面笔者发表有力辩护意见的重要依据。至此，笔者在审查起诉阶段的工作算是取得了比较重要的成果。

五、初次庭审太仓促，律师智提排非证

时间来到 2023 年 2 月初，经过了 8 个多月的时间，案件终于到了开庭审理的时间。因为李某始终坚称自己没有实施强奸行为，经过其同

意，笔者为其做无罪辩护。

因为当事人拒不认罪，公诉人向法院提交了量刑建议书，认为犯罪事实清楚、证据充分，并建议法院判刑 3 年 6 个月。笔者必须扭转眼下的局势。于是笔者想到，就李某自身的供述中存在许多对其不利的供述，在此前的会见中，笔者曾询问其这些陈述是否真实，李某回答有些东西跟他说的不一样，笔者同时也注意到，笔录里面有一些明显对李某不利的记载，后来被李某自己划掉了。在这样的情况下，笔者当庭向法官提出本案需要排除非法证据，这是一个不是办法的办法。由于笔者当庭提出了排除非法证据，于是不得不休庭，择期再次开庭。

法庭就排除非法证据的问题安排了庭前会议，会议安排在法院的一个会议室不公开进行。在此次会议中，本案的承办检察官应笔者的要求提供了审讯录像给笔者查看。虽然笔者提出当事人笔录记载的内容有些地方与审讯录像里面的内容不一致的意见与检察官的意见未达成一致，当天的会议并无明显效果，但笔者也预计到会是这种结果，这会议本身也是为后面的充分辩护所走的一步棋而已。

六、二次开庭真辩护，详细列举挖疑点

在排除非法证据的庭前会议结束后，法院又安排了一次庭审。在本次庭审中，笔者抓住机会充分地发表了辩护意见，将案件的疑点以及证据的薄弱之处一一列明，主要观点如下：

（一）被害人对于案情的陈述存在诸多矛盾以及刻意隐瞒之处，不能呈现唯一排他的真实案情。

1. 被害人两次关于李某施暴过程的陈述在时间先后、细节描述上

存在矛盾以及不合常理之处。被害人第一次陈述称，李某到了其宿舍以后就跟着她上去卧室了，但其第二次陈述称李某先看到客厅杂乱，其让李某先上二楼最大的房间，之后其在客厅拿了水再上去，这是矛盾之一。

2. 被害人关于是哪个同事先带人进入出租房的陈述存在矛盾。第一次笔录被害人说吕某带人先进来了，但是第二次笔录其却说是康某先到的出租屋，后来吕某才来了，如此关键的细节被害人竟然能说错，可见其并没有如实陈述当时的情形。

3. 被害人的两次陈述均刻意隐瞒了两人到住所以后其曾离开过的事实，而是谎称两人到住处以后李某就对其进行了强奸，并且在补充侦查阶段又说谎否认二人到达小区后曾手牵手、搂抱的事实。

（二）目前的证据材料不能证明李某实施了强奸，并且案件存在诸多可疑以及无法解释清晰之处。

1. 双方身上均无对方的 STR 分型[1]，且被害人的阴部没有任何损伤。

被害人称李某对其进行了强奸，动作极其粗暴，且被害人进行了激烈的反抗。按常理，强奸发生时长这么久，被害人的阴道内应该遗留了李某的身体成分，且在李某的暴力之下其阴道应该会发生损伤。然而根据鉴定报告，被害人内裤上的可疑斑迹以及阴道擦拭物均未检出有效的男性 STR 分型，李某的手上也没有被害人的 STR 分型，被害人的阴道也没有损伤，没有证据证明二人发生了性关系。

---

[1] STR分型：STR，即Short Tandem Repeat 的首字母简称，中文意思是“短片段重复序列”，STR广泛存在于人类及哺乳动物的基因组中，具有高度多态性。对于一个特定的个体，染色体上某个特定位置的重复序列的重复次数是固定的，通过检测STR分型可以确定基因是否来自同一个体。

2. 侦查机关检查笔录记载被害人报警称系被强制猥亵，而非被强奸。

侦查机关出具的检查笔录记载，“2022 年 6 月 3 日我所民警收到被害人的报警称其受到一名男子的强制猥亵”。我们要特别注意此处的记载。

如果当时被害人系被强奸，为何要报警称自己是被强制猥亵，一个非法律人士很难界定强制猥亵概念，而强奸则相对比较容易判断，如果真是被强奸且性行为已经发生，显然报警的时候被害人就应该直接称被强奸了，或者向民警描述其遭遇，由民警来判断是强奸还是强制猥亵。但民警在检查笔录里面的记载却是“强制猥亵”，这可以推断被害人报警的时候并没有说自己是被强奸的。既然都已经报警了，为何被害人还不说自己被强奸，这就只有一种解释，即被害人实际上并未被强奸。

侦查机关出具《说明》解释称“强制猥亵”是因为套用模板时套打错误，对此辩护人不予认可。检查记录记载整个检查过程合计 157 个字均是关于案情的描述，且案由是检查笔录记载的内容，为何唯独“强制猥亵”四个字属于套打错误？侦查机关的解释令人难以信服。

（三）受害人求助的过程迟疑犹豫（包括其向同事寻求帮助以及报警的过程），在其向朋友求救的微信中发送了大量文字但均没有提及自己被他人强奸，其最终选择报警系出于顾虑，而非真的被强奸。

1. 关于被害人与纪某的微信聊天内容。

被害人在补充证据卷说自己在微信上跟同事纪某说“他跟着我进来，闯进来”是因为“事情已经发生，我已经报警了，李某还在跟我纠缠，我想有个人来帮助我，就想跟我朋友纪某说严重点，不想跟纪某说是我自己带对方进来的，如果这样说我怕纪某不肯过来帮我”。

关于此处，首先，要明确的是被害人在跟纪某求救的时候并未报警，但是其却谎称报警了。其次，仔细查看被害人与纪某的微信聊天记录，纪某回复被害人说“你这个事，是不是不让我管，不让我管，我就不管咯，别说我不关心你就可以了”。事实上纪某在案发的上午也没跟其他同事一起去被害人住处，由此可见，被害人并非那么急切地想得到纪某的帮助。最后，再看纪某与被害人的微信内容，被害人跟纪某说“钱无所谓”，纪某回答说“你这是给别人机会”，而后0时14分，被害人又回复说“给咯，我不要了”，此处被害人自愿给别人机会，是给谁机会，是不是本案的当事人李某呢？被害人是不是在案发之前就跟纪某谈论过李某？且通过查看纪某与被害人当天的微信聊天记录可知，6时10分是纪某主动先向被害人发起视频通话，但是被害人忙线未接听，既然被害人当时还没有向纪某求救，为何纪某会主动联系被害人呢？

2. 关于被害人与康某的微信聊天记录。

查看康某与被害人的微信聊天内容，被害人向康某求救，康某回复她“啥意思”，被害人说“那个客人在我宿舍”。被害人为什么跟康某说“那个客人”？很显然被害人在案发之前就已经跟康某谈论过李某。后来康某又问“你带客人去宿舍？”被害人回答说“不是我，我报警了”。康某再问“谁带的？”被害人回复说“你们不用来了”。再后来康某问被害人报警没有，被害人又说没报警。

由此可见，被害人对于向康某求助一事并不急切，康某只是追问了一下，被害人就直接说你们不用来了，就是让所有的同事都不用过去了。

3. 关于被害人与微信名“小猫”的微信聊天内容。

查看被害人与“小猫”的聊天记录，从凌晨5时13分开始（此时李某与被害人已经回到住处将近20分钟），“小猫”与被害人在微信闲聊，“小猫”问被害人：“大姐大，有帅哥看吗？”被害人在5时50分还回复“小猫”说有。从常理上看，如果一个女子被人强奸了，她必然是伤心欲绝的，怎么还有心情跟别人闲聊什么看帅哥之类的话题。由此也可以反映被害人并未被强奸。

（四）侦查机关在案发现场勘验检查时并未发现地上或者周边有纸巾或者其他的擦拭物，在给李某做身体检查时侦查人员也没有发现李某下体、内裤有任何异样之处，这不符合强奸案的一般特征，案发当晚李某大量饮酒处于严重醉酒状态，其不可能毁灭案发现场证据，且当时被害人的同事一直在现场。

（五）事发时间为5时许，当时周边应当是极为安静的，小区内各户之间挨得非常近，事发房屋虽是复式结构但位于楼栋的一楼，案发房间窗户并未关严，如果存在强奸行为，整个强奸过程至少持续几分钟，根据案发小区监控视频显示，4时至6时小区不时有人出入、活动。被害人称其被强奸的过程中极力反抗，并且大声呼救。如确系如此，当时周边邻居不可能听不到动静。本案侦查人员也未向周边邻居核实案情，侦查过程并未做到客观公正。

（六）本案的部分核心证据应当予以排除。

被害人称李某对其暴力强奸，而且其自身进行了激烈的反抗。那么在反抗过程中必然会形成一定的损伤，侦查机关提交了关于损伤的相关证据，但是部分证据不能排除合理怀疑，应当予以排除，具体分析如下：

1.关于某医院出具的数字影像检查报告单、疾病诊断证明书、门诊病历不能采信。

某医院并不具备司法鉴定资质，被害人去该医院检查诊断时亦无侦查人员陪同，系自行前往。因此对该诊断结果的真实性、合法性不能认可。诊断报告显示被害人就诊的时间是6月3日13时20分，而案发时间是6月3日5时许，这中间相隔了8个多小时，诊断报告并没写明损伤形成的时间，因此在关联性上不能证明被害人的损伤形成与本案有关。

2. 某135号鉴定书所证明的事实不能排除合理怀疑。

本案案发时间是2022年6月3日5时许，侦查机关于2022年6月4日才将伤者被害人本人送交鉴定中心进行鉴定，距离案发时间已经超过了24小时。鉴定文书所附验伤照片对应的损伤，可能是案发以后形成，也有可能是案发之前就已经形成。鉴定文书并不能证实被害人损伤形成的具体时间以及与本案的关联性。

（七）刑事案件的办理必须坚持证据裁判原则，对一切案件的判处都要重证据，重调查研究，不轻信口供。刑事案件中的证据证明需要达到“排除合理怀疑”的程度，这是一项重要准则，也是诉讼中判断控辩双方证明成效的标准。案件办理中，对于部分存在事实根据、符合社会常识常理的怀疑，要进行细致审查、认真分析。如果确实存在无法排除的矛盾和无法解释的疑问，则应当根据“疑罪从无”原则作出当事人不构成犯罪的结论。

经过对在案证据全面客观的分析，辩护人认为，仍然存在以下问题，难以得到合理解释：

1. 如果被害人没有预见到二人会发生点什么事情，为何会深夜带李某回自己的宿舍，在到了宿舍以后被害人还主动让李某去自己的房间，让李某去洗澡，而后自己也去洗澡。

2. 被害人既然被强奸了，为什么不第一时间选择报警，报警一个电话就可以解决问题，为什么要选择发微信文字的方式逐个向自己的同事求救，而且还是重复地发微信，在求救以及报警的过程中犹豫不决。

3. 被害人既然可以重复多次地向同事发微信“救我”，还跟同事解释相关问题，为什么不直接切中要害地说自己被强奸了。而且被害人的报警均是同事叫她报警的或是同事替她报警，她自己并未主动选择报警。被害人报案不及时、不自然，不能排除出于其他顾虑才报案的可能性。

4. 被害人既然已经被李某强奸，而且其知道李某没有射精，为什么她不选择逃离宿舍，且同事吕某就与其同住在一个小区。难道凭她一己之力可以阻止李某逃跑吗？她不怕再次被强奸吗？案发房间的门锁是损坏掉在地上的，且门锁上发现多个 STR 分型，这是不是犯罪分子为了便于作案而有意破坏掉的呢？

5. 现场勘验笔录显示，被害人房间的门锁是坏的，还掉到了地上，如果当时发生过强奸，隔壁同住的证人回来的时候不可能会察觉不到异常，但是她在笔录中确实是说回到住处的时候没有听到或见到异常。

（八）本案中李某虽然有抓被害人的手，但是当时双方是在争执的过程中，李某的举动只是正常争执过程中的本能反应，其行为并非长时间持续性的，并不是为达到强奸目的而有意实施的强制手段，且本案没有强奸结果的发生，因此也就无从谈及强制行为与强奸结果之间存在因果关系。

七、一审败诉不放弃，上诉有理终改判

2023 年 4 月，法院作出一审判决，李某被判处有期徒刑 3 年 6 个月。笔者认为，这个判决存在问题，判决书中载明的关键事实甚至直接与在案证据存在矛盾，这个案件必须坚决上诉。为此，收到判决书以后笔者立刻安排去会见了李某。令人意想不到的是，李某此时已经崩溃了，甚至不想上诉。笔者从专业的角度给他进行了分析，同时也在心理上对他进行了疏导。笔者感到意外的是，在笔者多次会见过程中，李某都是信誓旦旦地说自己绝对没有进行强奸，但是实在是受不了看守所里面的艰苦条件，想早点移送监狱，改善居住条件，并单纯地认为到了监

狱表现好点，到时候减刑也一样可以早点出来。从专业的角度来说，笔者是不能接受李某的观点的，但是从人性的角度来说，笔者也能理解他的处境，毕竟看守所的条件确实艰苦，但像他这种受不了艰苦条件，宁可蒙冤的，笔者也是第一次碰到。笔者还在为案件努力争取，当事人这边已经自己放弃了，双方目标不一致，这无形中也给笔者带来了巨大的压力。

在笔者的耐心开导下，当事人最终上诉了。二审开庭的地点被安排在中级人民法院设在看守所附近的一个法庭。与此前不同的是，这次当事人也来到了庭审现场，一审时他是在看守所远程视频参加庭审的。在二审中，法官对于案件询问了很多细节，笔者均一一予以解释说明。

很快案件又到了辩论环节，但让笔者倍感意外的是，虽然公诉人指控当事人构成强奸罪的观点毫不动摇，但是对于是否构成既遂却并不像一审那样坚决。到了双方最后发表意见的阶段，公诉人当庭表示，本案指控李某构成强奸既遂的证据不足，建议法庭对其改判。如此一来，李某减轻处罚基本是可以确定的了。至此，整个案件的局面便发生了根本性扭转。在庭审结束以后，李某离席时，笔者看向他，跟他点了点头。

过了半个月左右，笔者收到了终审判决，法院认定李某构成强奸，但是属于强奸未遂。李某的刑期由一审的 3 年 6 个月一下子改判为 2 年 3 个月，整整少了 1 年 3 个月，这可以算是取得了很大的成功。法院之所以认定李某构成强奸，是因为本案还是存在一些对当事人不利的证据，如被害人一直稳定陈述李某对其进行了性侵，其身上的伤痕可以印证其陈述。而且李某的几次供述也提到其有抓被害人的手腕、压在被害人身上等情形，与被害人的陈述以及伤情可以形成印证。据此，法院认为李某具备以实施暴力压制的方式违背被害人意志强行与之发生性关系的意图。但是总体上，在一审被动的局面下，能够让二审开庭审理，公诉人当庭建议改判，并最终改判，已属不易，对于这个结果李某及其家属都比较满意。

八、律师手记

从本起案件延伸开去，笔者认为，无论对于任何案件，作为辩护人，始终都要秉持不轻易放弃、认真严谨的办案风格，在每个案件中找到问题的突破口，就算在当事人已经放弃的情况下，作为辩护人也要再三斟酌。在案件的实质问题上，辩护人要“咬定青山不放松”，做到不卑不亢，在案件遇到不利于当事人的情形时，要及时应变。在审理的程序方面，辩护人也要抓紧推进。尤其是本案中当事人的情形，笔者还是第一次碰到，在笔者办理过的其他刑事案件中，笔者还没碰到过当事人因受不了看守所的艰苦条件而想要放弃的。这个案子也提醒笔者，在案件的审限方面如果有机会，也要尽量地推动案件的进展，尽快结案。这样即便当事人被判有罪，也可以早点移送监狱，毕竟监狱的条件确实要比看守所要好一些，这样也能在一定程度上减少当事人的痛苦。

行政执法须合规，执法笔录矛盾遭撤销

——行政处罚、行政复议因证据不足被撤销

◎李士炎 *

从行政法的法理上看，对于行政机关而言，“法无许可则禁止”。随着经济社会的快速发展和科技的快速进步，新生事物日新月异，人们的生活和工作行为也不断出现新模式。现实生活中，行政管理规定往往滞后于新出现的社会生活变化，在法律和行政法规没有对某一具体行为和情形明确界定为违法且需要进行行政处罚时，行政机关应保持足够的谦抑性，切不可在法无授权的情形之下随意作为，否则有可能面临行政败诉的风险。公民对于行政机关的具体行政行为，也要勇敢地以法律为尺度进行检验，如果认为具体行政侵犯了自己的合法权益，也要勇敢地拿起法律的武器维护自己的合法权益，必要时可以委托律师帮助维权。

* 广东普罗米修律师事务所专职律师、中共广东普罗米修律师事务所党总支副书记，第十一届深圳市律师协会城市更新专业委员会委员、第十一届深圳市律师协会业务创新与发展工作委员会委员，景德镇国际仲裁委仲裁员；电子邮箱：lawyerlty@163.com。

一、光伏发展迅速，法规配套滞后，行政相对人行政信赖原则无法保障

分布式光伏发电设施是一种可以通过电网企业为周边用户供电的市政公共设施。分布式光伏发电项目充分体现了绿色低碳理念，符合国家“十四五”规划指导方针和主要目标；有利于推进能源革命，建设清洁低碳、安全高效的能源体系，提高能源供给保障能力，推动绿色发展，促进人与自然和谐共生，对实现远景目标“碳达峰”和“碳中和”具有积极作用。

本案的当事人陈某某出于自用需要，准备在房屋楼顶进行分布式光伏发电项目的设施安装。在 2020 年 12 月至 2021 年 4 月，陈某某先是在南方电网营业厅领取了相关的办理资料并办理了申报手续，后又到所在地居委会填写了《低压用电报装（增容）审批表》并盖章，先后在当地社区工作站和街道办事处经济服务科盖章确认，在办结上述材料后，陈某某带齐相关资料到南方电网营业厅进行登记，申请光伏发电入网。

陈某某通过社区工作站的工作人员得知，是否能够安装光伏发电设施需要咨询街道办事处的规划土地监察科。于是陈某某拨打了街道办事处的规划土地监察科的座机电话咨询，被告知相关的许可需要直接咨询区规划土地监察局。陈某某又拨打了区规划土地监察局的座机电话，咨询在屋顶安装分布式光伏发电设施需要些什么许可，被告知需要向区规划和自然资源委员会咨询。陈某某又重新向区规划和自然资源委员会咨询，并得到答复是：区规划和自然资源委员会也没有审批过分布式光伏发电相关的许可，应该不归他们管。

之后，陈某某接到了南方电网受理光伏业务的电话通知。陈某某进

一步向街道办事处的城管科咨询光伏设施安装所涉及的外立面等相关影响的问题，得知目前关于屋顶光伏设施安装还没有强制性规定，也没有要求办理审批手续。

陈某某后期通过网络查询到在深圳市南山区彩虹之岸小区也有在楼顶建设居民个人光伏发电项目的新闻，该新闻由《南方都市报》在2019年12月18日报道，该业主在顶层的露台建设了光伏发电玻璃雨棚，当时业主在楼顶露台搭建了钢架。为了查清该项目是否属违建，粤海街道执法队向区查处违法建设办公室、规自局去函询问，上级部门的指导意见称，如果该项目是利用现有空间搭建，则不属于规划的强制性内容，即不用办理工程规划许可证，所以不属于违建。

为更好地规避风险，陈某某也进一步查询了相关法规，找到广东省自然资源厅《关于继续深化若干规划用地改革事项的通知》（粤自然资函〔2020〕552号），其中，免于办理建设工程规划许可证的建设项目中包含了“非经营性小型分布式光伏设施”。在了解到可以免于办理建设工程规划许可证后，陈某某才最终决定建设光伏发电项目，于2021年4月13日正式开始建设，4月25日完工。

但在2021年4月25日11时，辖区街道执法队来到陈某某处，认定其建设的分布式光伏发电设施为铁皮棚（临时建筑），按照规定应该办理建设工程规划许可证，由于其没有办理许可证，相关设施被认定为违法建筑，责令陈某某于2021年4月28日前自行拆除。

如前所述，在此设施安装建设期间，就能否安装光伏发电设施、是否需要前置审批等问题，陈某某咨询了相关部门，在得到街道办事处城管科“目前关于屋顶安装光伏没有要求办理前置手续”的答复，并查询到相关法规依据后才正式动工。但在项目正式完工当天，区规划土地监察局却向陈某某出具了《限期拆除通知》，认定上述陈某某安装的分布式光伏发电设施的钢结构平台为临时建筑，认为该行为违反《城乡规划法》第44条的规定，并责令陈某某自行拆除，逾期不拆除将强制拆除。上述变化令陈某某无法接受。

二、巨大投资面临损失，启动行政复议维权

由于花费巨大投资所建设的光伏发电设施面临被拆除的风险，陈某某在期限内向深圳市龙华区人民政府提起行政复议，要求撤销区规划土地监察局的具体行政行为。陈某某向区人民政府提交了行政复议申请书，并把其诉求和材料完整提交。

由于缺乏行政复议的经验，这个过程中，陈某某只是被动等待消息，没有进一步提交证据。其于2021年5月6日提起行政复议，2021年8月5日下午收到复议决定书。深圳市龙华区人民政府作出行政复议决定书，认定："据申请人提供的《380/220V分布式光伏发电购售电合同》，申请人为该光伏发电项目售电人，其实际用于经营，因此涉案光伏设施不属于非经营性小型分布式光伏设施，其主张无事实依据。"以此驳回了陈某某的行政复议申请。

三、最后的救济途径——行政诉讼，律师介入破局

陈某某经历了申请行政复议被驳回的滑铁卢后，决心委托律师代理诉讼。通过朋友推荐，陈某某找到笔者，在接待当事人的过程中，笔者详细审查了陈某某提供的资料，听取了陈某某陈述的案情。

根据接待和材料审查得到的信息，笔者认为该案件争议焦点如下：（1）陈某某安装光伏发电项目设施（尤其是设施的钢结构平台）这一

行为是否需要前置审批，是否属于区规划土地监察局管理职权范围；（2）区规划土地监察局作出的涉案限期拆除通知书的事实是否清楚、证据是否充分、执法程序是否合法；（3）区人民政府作出的《行政复议决定书》事实是否清楚、程序是否合法。对于笔者归纳的上述争议焦点及提出的诉讼方案，陈某某非常认可，并立刻与律所签订了委托代理协议。

陈某某办理委托手续后，笔者立刻开始准备提起行政诉讼，通过观点归纳以及证据收集，形成起诉状以及证据目录，向法院提起诉讼。

《行政起诉状》中，笔者在事实与理由部分陈述了如下观点：

（1）原告安装的是分布式光伏发电设施，所有的申请、报批已经按目前国家、省、市的规定进行办理，区规划土地监察局并不是国家、省、市规定的光伏发电主管单位，无权对原告的行为进行处罚。而根据光伏发电项目的建设规定，项目无须提前审批、规划，光伏项目不属于区规划土地监察局管理，区规划土地监察局没有任何权限处理。

（2）区规划土地监察局认为的所谓“临时建筑”，其实是光伏设施的一部分，并在设计时是一体设计的。光伏发电项目的设施，包括钢结构平台及光伏发电面板等，构建物与光伏设备的关系是一个整体，而不能割裂开来。区规划土地监察局认定的约300平方米的钢结构平台均用于放置光伏发电设施，属于光伏发电设施的必要组成部分。

（3）针对在自家屋顶安装分布式光伏发电项目设施是否需要规划审批这一问题，目前，我国法律、行政法规，乃至广东省、深圳市的地方性法规、规章并未有规定。结合国务院《关于促进光伏产业健康发展的若干意见》、国家能源局《分布式光伏发电项目管理暂行办法》的相关规定可以看出，对个人利用住宅建设的分布式光伏发电项目，获得建设规划审批并非其前置性条件，没有要求光伏安装行为须取得城乡规划部门的建设规划许可的规定。

（4）区规划土地监察局的具体行政行为严重违反了行政信赖保护原则。原告安装分布式光伏发电项目设施行为经过了长达4个月的筹划，其间其穷尽了所有能知悉的手段，也向区规划土地监察局进行了咨询，在得到没有行政审批前置要求的答复后，基于对行政机关的信赖，才决定安装。区规划土地监察局在原告咨询期间并没有全面考虑问题，在给予原告“不归我们管，没有审批过，应该不需要”的回复后，却在原告项目完工当天认定项目的钢结构平台违法，明显不符合行政信赖保护原则。

（5）众所周知，安置光伏发电设施必须配套钢结构平台，这是一个不能拆分的整体。而区规划土地监察局在回复时先说“光伏项目不归我们管”，在原告已经投入巨资完成光伏项目的安装后，却以光伏项目中的钢结构平台违法为由，要求原告拆除光伏项目，这个逻辑无论怎样原告都是无法理解的。目前无论广东省还是深圳市，对这一问题还存在立法的空白，原告已经穷尽所有的渠道，并没有得到关于类似项目的禁止性规定。但是对于这个问题在立法上的空白、现行行政规定及部门管理权限无法覆盖及服务于社会的发展需求的矛盾，以及由此带来的损害，不应该由原告去承担。被告的做法是严重不公平的，也不合理的。

四、笔录，笔录，在矛盾的材料中寻求胜利

行政诉讼中，作为被告的行政机关应对其具体行政行为的合法性承担举证责任。本案被告提供了行政复议期间以及执法过程中的相关材料。在收到上述证据材料后，笔者敏锐发现了在证据中存在的执法程序

违法问题，即行政机关制作的笔录为倒签时间形成，该非法证据应予排除。具体为：

区土地监察局于 2021 年 4 月 25 日 11 时左右向陈某某送达涉案《限期拆除通知书》。

区土地监察局提交的《调查询问笔录》《现场勘验（检查）笔录》记载时间均为 2021 年 4 月 25 日，同时记载的询问地址为街道行政服务大厅，而不是所谓的“违建现场”。《调查笔录》记载，2021 年 4 月 25 日 9：30 至 11：30，陈某某在街道行政服务大厅 2 楼接受调查询问，工作人员为蔡某、刘某。区土地监察局另外提交的《现场勘验（检查）笔录》及《现场取证照片》显示，2021 年 4 月 25 日 14：20 至 16：30，区土地监察局工作人员蔡某、刘某对涉案建筑进行现场勘验，并在笔录上签名。上述两份笔录均有原告签名。

根据其他资料显示，区土地监察局 2021 年 5 月 10 日向陈某某发出《协助调查通知书》，该通知书要求陈某某于 2021 年 5 月 14 日到街道行政服务大厅 2 楼协助调查。

所以上述提及两份笔录并非当天制作，是陈某某 2021 年 5 月 6 日提起行政复议后，区土地监察局让陈某某到街道行政服务大厅签署，签署日期应为 2021 年 5 月 11 日。区土地监察局上述两份笔录明显是在原告提出行政复议后制作的，并且伪造了时间及制作笔录的主体。

区土地监察局制作的《现场勘验（检查）笔录》所记载的时间为 2021 年 4 月 25 日的 14：20 至 16：30，但是《限期拆除通知书》送达的日期为当天 11 时左右，即在《限期拆除通知书》送达之后进行勘验。根据行政执行程序的规范性要求，行政机关应该按照立案—调查（包括现场勘验工作等）—作出处理决定—处罚告知与听证—处罚决定的顺序进行处理，但在本案中却把作出处理决定放在了调查之前。也就是说，行政机关造假、处理程序违法。

经过对证据的甄别，在庭审中，笔者在陈述原有观点的同时，在证据质证过程中指出了上述《调查询问笔录》《现场勘验（检查）笔录》的矛盾点和违法之处。这一问题提出，无异于扔出一颗“炸弹”，让主审法官关注到了涉案行政行为可能存在的程序违法之处，于是法庭对这个问题进行了重点调查。由于行政机关代理人在提交上述资料时没有注意上述的矛盾点，针对笔者的精准打击，无法自圆其说，进退失据。

在法庭辩论阶段，笔者在庭审中发表辩论意见如下：

经过庭审以及原、被告举证和质证，本案的事实基本清晰，可以得出结论：区规划土地监察局在作出《限期拆除通知书》时，严重程序违法。

根据相关视频证据以及区规划土地监察局提交的调查和勘验笔录，明显可以看出区规划土地监察局在作出《限期拆除通知书》时，所谓的执法人员根本没有到达现场，据以作出限期拆除决定所依据的该两人作出的所有执法文件均为伪造，不具有合法性。

区规划土地监察局代理人在庭审声称该局提前介入，以此说明《限期拆除通知书》完全可以当天作出，这个明显不符合逻辑与程序，缺乏合法性。根据区规划土地监察局提供的《巡查记录》《受理案件登记表》《立案登记审批表》，2021 年 4 月 21 日才巡查发现，22 日才决定立案。但是 2021 年 4 月 25 日当天上午就已经将《限期拆除通知书》出具，而在送达通知书后下午才去勘查现场，这样的程序既违反行政处罚的程序规定，也不能让人信服。综上，区规划土地监察局在出具《限期拆除通知书》前，是缺乏合法、充足的程序性文件和事实性文件支撑的。

另一被告区人民政府在作出复议决定前，已经收到了全部的材料，包括相关笔录等，应该能判断出涉案行政行为不具合法性，但依然维持错误的行政行为，所以上述错误的复议决定理应撤销。

五、证据为王，完成逆转，行政执法应遵循合规、合法的原则

经过庭审的博弈，双方发表辩论意见后，法庭没有当庭宣判。

经过一段时间的等待，当事人终于收到了一审法院的判决。法院认为：目前查明的事实已经构成了对《调查询问笔录》《现场勘验（检查）笔录》形成时间的合理怀疑，法院无法采信为作出涉案限期拆除通知书的证据依据。区规划土地监察局作出的涉案限期拆除通知书的事实不清，证据不足，依法应予撤销。区人民政府作出的《行政复议决定书》依法应一并撤销。

一审法院依据《行政诉讼法》第 70 条第 1 项、第 79 条，最高人民法院《关于适用〈中华人民共和国行政诉讼法〉的解释》第 136 条第 1 款之规定，判决：撤销区规划土地监察局对当事人作出的《限期拆除通知书》；撤销区人民政府作出的《行政复议决定书》。

收到判决书后，陈某某露出了久违的笑容。

六、律师手记

个人在进行重大复杂投资行为时，应重视项目的行政合规性审查，对是否违反行政法规等进行风险评估，尤其是涉及建设领域的行政管理，部门众多，管辖相互交叉。如有必要，应先咨询律师意见。

对当事人而言，在行政复议阶段，应充分利用法律赋予的由行政机关承担作出具体行政行为所依据的证据材料举证责任的有利条件，在行

政机关没有举证的前提下，可申请法庭进行调取。在行政复议申请实践中，如不是专业律师介入，很多当事人只提出自己的观点，并没有去申请、调取行政机关的材料，导致陷入被动，无法发现行政机关执法过程中的问题，并提出针对性的观点，导致复议申请被驳回。

对行政机关而言，应注重对执法人员的培训，行政执法应遵循“法无授权则禁止”的原则。行政执法人员在执法及取证时，应当以事实为依据，以法律为准绳，遵循合法、适当、规范的原则。

后　记

postscript

当这本案例集的编撰工作终于画上句号、交付印刷之际，我的心中感慨如潮涌。这是普罗米修律师事务所自成立以来的第一辑案例集，它犹如一面镜子，映照出普罗米修法律人在过去的 22 年里，为维护委托人利益而兢兢业业开展的代理工作，以及在通过代理工作推动法治建设的道路上所进行的不懈探索与实践。毫无疑问，这本案例集凝聚着众人的心血。

这本案例集的出版，标志着普罗米修律师事务所加强专业建设、总结过往执业经验进入新的阶段。我们深知，律师事务所的专业化建设乃是一项长期而艰巨的任务，需要我们持续不断地努力与探索。故而，我们决意将案例集的出版视作专业化建设的重要组成部分，持之以恒地推进下去。通过对执业案例的持续收集、精心遴选以及编撰出版工作，总结执业经验，洞察管理之不足，进而提升管理水平。

我们亦期望借由案例集的出版，真实地展现律师工作的全貌，让广大读者得以深入了解律师及律师事务所的工作。律师的工作不仅需要深厚的专业知识与精湛的技能，还需要直面各种复杂的情形与挑战，难免会有不尽如人意之处。我们诚挚欢迎读者提出批评与建议，我们必将虚心接纳，以此实现律师与广大读者之间的良性互动，并以此为契机，不断提升我们的法律服务工作质量，提高我们的服务技能水平。

在这里，我要衷心感谢每一位参与案例集写作与编撰工作的人员，包括后期的校对人员实习律师冯冰杨和黄骥。正是你们的辛勤耕耘，才使得这些精彩的案例得以以文字的形式呈现在读者眼前。每一个案例皆是律师们智慧与汗水的结晶，在案件处理过程中，律师们展现出了高超的专业素养与坚定的职业精神。而将这些案例整理、编写成书，同样是一项艰巨的任务，涉及对大量资料的收集、整理、分析、撰写以及编辑。参与其中的同仁们以严谨的态度和对法治的热忱，认真对待每一个细节，确保案例的真实性与可读性，确保文章的撰写能够突出办案技巧、彰显出彩之处，既可为普通读者带来精彩的故事，又能让律师同行们学习借鉴执业技巧。

由于这是我们的第一辑案例集，时间的紧迫、经验的欠缺使得我们的工作难免存在疏漏。尽管我们在编撰过程中力求完美，但仍可能存在一些不足之处。在此，我们恳请读者给予理解与支持。我们将认真对待读者的反馈，不断改进和完善我们的工作。

再次感谢所有参与这本案例集创作以及支持我们的人，愿我们的努力能够为中国的法治建设添砖加瓦、增添一抹绚丽的光彩！

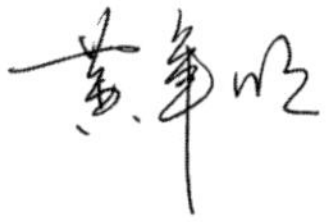

2024 年 10 月 20 日